YANAGIHARA MASAHARU　MORIKAWA KOICHI　KANEHARA ATSUKO
柳原正治・森川幸一・兼原敦子 編

演習 プラクティス
国 際 法

信山社
SHINZANSHA

はしがき

　『プラクティス国際法講義』（初版，2010年3月出版）の「はしがき」に，次のような文章を記した．「本書は当初，本文の叙述の他に，①確認質問，②各章ごとの応用演習，③巻末の総合演習という構成にすることを予定していた．演習により事例分析・対応能力を涵養し，基本概念の重層的な理解を目指そうとする趣旨である．実際に何人かの執筆者は応用演習を作成し，学生たちに試験的に解いてみてもらうという作業を行った．しかしながら，もっぱら全体の分量の関係から，演習については本書に取り込むことを断念せざるをえなかった．これについては，別著というかたちで，近々公にできればと考えている．」

　まるまる3年間が経ち，ようやく本書のような形で出版することができることとなった．各章は論点と事例演習からなり，最後に5問の総合演習を掲げた．各章の構成と執筆者は，『プラクティス国際法講義』とまったく同一である．

　各章の最初の部分に「論点」を掲げたのは，本書単体でも活用できるようにとの配慮である．ここに記されていることを完全にマスターすれば，各章の基本的な知識は習得できたことになる．重要な点のみをごく簡潔に記しているので，この箇所だけでは十分に理解できない場合には，『プラクティス国際法講義』やその他の教科書・辞典などを参照いただければと思う．

　論点を十分に会得した後に，事例演習に取り組んでもらいたい．実際に答案をみずから執筆することが望ましい．紙面の制約から参照条文は掲げていないので，答案作成に際しては，各種条約集を参照いただきたい．その後に，解説を読み，自分の答案の，良く書けている部分と書けていない部分を把握するようにしてもらいたい．解説は模範答案ではけっしてない．設問について考えるべき論点を，網羅的に，しかも，一方当事者の主張に偏ることなく，挙げるように努めている．国際法の演習問題に，唯一の正答であるというような解答はない．設問で求められている論点を漏れなく挙げるとともに，それぞれの論点についての，筋道の立った説明をすることが重要である．

　各章の事例演習は多くの場合，過去の事例を参考として作成されている．実際の事例はほとんどの場合事実，関係が複雑であるので，かなり簡素化している場合が多い．実際の事例については，各種の判例集などを参照いただきたい．

　最後の総合演習は，いくつかの章にまたがる論点を含む問題である．司法試

験の論文式試験や国家公務員採用総合職試験の専門試験（記述式）などを想定した問題作成としている．これについても，事例演習と同じような形でチャレンジして欲しい．自分で解いてみて，よく理解していないと分かった分野については，該当の章を再度精読することを奨める．

　類書のほとんどない本書の出版にあたっては，信山社出版の今井守氏にさまざまな面でお世話になった．また，稲葉文子氏や今井貴氏からも多大の援助を得た．ここに心から感謝の意を表したい．

　　2013年2月

編者一同

目　次

はしがき

論点・事例演習

第1章　国際社会と法 ── 国際法規範と社会規範 ── 3

◆論　点 ── (3)
■事例演習　第1問 (5)／第2問 (7)

第2章　国際法の法源 ── 9

◆論　点 ── (9)
■事例演習　第1問 (11)／第2問 (12)

第3章　条約法 ── 16

◆論　点 ── (16)
■事例演習　第1問 (18)／第2問 (20)

第4章　国際法と国内法の関係 ── 23

◆論　点 ── (23)
■事例演習　第1問 (25)／第2問 (27)

第5章　国際法の形成と適用と解釈 ── 29

◆論　点 ── (29)
■事例演習　第1問 (31)／第2問 (33)

第6章　国際法の主体(1) ── 国　家 ── 35

◆論　点 ── (35)
■事例演習　第1問 (37)／第2問 (39)

第7章　国際法の主体(2)
──準国家団体・国際組織・個人・その他── 41

◆論　点──(41)
■事例演習　第1問(43)／第2問(45)

第8章　国家の基本的権利義務 48

◆論　点──(48)
■事例演習　第1問(50)／第2問(51)

第9章　国家管轄権 54

◆論　点──(54)
■事例演習　第1問(56)／第2問(58)

第10章　外交・領事関係法 61

◆論　点──(61)
■事例演習　第1問(64)／第2問(66)

第11章　国家の国際責任 68

◆論　点──(68)
■事例演習　第1問(70)／第2問(72)

第12章　国　家　領　域 75

◆論　点──(75)
■事例演習　第1問(77)／第2問(79)

第13章　海洋利用に関する国際法(1) 82

◆論　点──(82)
■事例演習　第1問(84)／第2問(86)

第14章　海洋利用に関する国際法(2) 88

◆論　点──(88)

■ 事例演習　第1問 (89) ／第2問 (91)

第15章　その他の地域および空間 ——————— 94

◆ 論　点——(94)
■ 事例演習　第1問 (96) ／第2問 (98)

第16章　国際法における個人 ——————————— 101

◆ 論　点——(101)
■ 事例演習　第1問 (103) ／第2問 (104)

第17章　人権の国際的保障 (1) ——————————— 107

◆ 論　点——(107)
■ 事例演習　第1問 (110) ／第2問 (112)

第18章　人権の国際的保障 (2) ——————————— 115

◆ 論　点——(115)
■ 事例演習　第1問 (117) ／第2問 (120)

第19章　国際経済法 ————————————————— 122

◆ 論　点——(122)
■ 事例演習 (126)

第20章　国際環境法 ————————————————— 129

◆ 論　点——(129)
■ 事例演習　第1問 (131) ／第2問 (134)

第21章　国際紛争処理 ———————————————— 137

◆ 論　点——(137)
■ 事例演習　第1問 (141) ／第2問 (143)

第22章　武力行使の規制 ——————————————— 146

◆ 論　点——(146)

■ 事例演習　第1問（148）／第2問（149）

第23章　平和と安全の維持 ―――――― 152

- ◆ 論　点―――（152）
- ■ 事例演習　第1問（154）／第2問（156）

第24章　武力紛争法 ―――――― 158

- ◆ 論　点―――（158）
- ■ 事例演習　第1問（160）／第2問（161）

総 合 演 習

- ■ 総合演習1―――（167）
- ■ 総合演習2―――（171）
- ■ 総合演習3―――（176）
- ■ 総合演習4―――（180）
- ■ 総合演習5―――（183）

論点・事例演習

第1章　国際社会と法
——国際法規範と社会規範——

論　点

（1）社会規範としての法規範・国際法規範の特色
　社会規範とは，社会生活を営むうえで当然守らなければならない規準のことである．道徳，宗教，習慣，習俗，それに法などが代表的なものである．法規範が他の社会規範，特に道徳と区別される基準は地域や時代により異なるが，近代ヨーロッパ法，および，それを引き継ぐ現代法の下では，**外面的・物理的強制がともなう強制的命令**が法規範とされるのが一般的である．また，一般的には，**国際社会に妥当する法**としての国際法規範も，社会規範の1つである法規範とみなされる．

（2）法による支配と力による支配
　「社会あるところ法あり」という格言がそもそも国際社会にあてはまるのかという疑問は，近代ヨーロッパ国際法の成立時点からずっと存在してきた．法＝国際法が支配するのではなく，「**力が法を生み出す**」または「**事実から法が生まれる**」という原則の方が国際社会にはあてはまるのではないかという疑問である．国連集団安全保障体制，さらには国際法の権威そのものに対する重大な疑義をもたらす事象は，現在においても頻発している．この疑問に答えるためには，法規範としての国際法の形成・適用・解釈についての固有の原理を理解することが求められる（本書第5章参照）．

（3）国際法の法的性格
　国際法の法的性格については，19世紀後半から，国際法は**国内法と同じ意味での法**とみなすことができるかという形で論争が行われてきた．**主権の本質や超国家的権力の欠如**から国際法は法とはいえないとする立場と，**国際法の法的拘束力のあり方や国際法独自の妥当根拠**などから国際法は法とみなすことができるとする立場とが対立してきた．現在でもこの論争に決着がついているとは言い難い．ただ，国内法とは異なる意味での，**独自の「法」としての**

国際法のあり方を描き出すことの方が重要である．

（4）「合意は拘束する」

「合意は拘束する（合意は守らなければならない）」という原則は，国際法の分野においては，**国家間の合意は誠実に遵守しなければならない**ということを意味している．この原則は，19世紀の実証主義の時代にあっては，**明示の合意としての条約と黙示の合意としての慣習国際法の拘束力の基礎**としての意味をもっていた．現在は，条約についてこの原則が適用されることは確定しているものの（条約法条約26条），慣習国際法については黙示の合意ととらえることには異論が多いため，慣習国際法にこの原則を適用することができるかについては意見が一致していない．

（5）国際社会の特質

平等な主権国家からなる国際社会には，国内社会とは異なり，立法面でも，執行面でも，そして司法面でも，**中央集権的機関は存在しない**．立法を行う議会は存在しないし，国際連合は，**国際社会の執行機関としての役割を果たしているとはいえない**．さらに，国際司法裁判所など，いくつかの国際裁判所は存在しているものの，国内裁判所のような，**強制管轄権をもつ裁判所は存在しない**．たしかに，特に第2次世界大戦後，集団安全保障，国際裁判，国際社会の一般的利益，強行規範などの制度が導入されてきたのにともない，国際社会のあり方もまた変化してきている．しかし，「**分権社会**」という基本的性格は変わっていない．

（6）さまざまな形態の「国際法」の意義

国際法を平等な主権国家間の法ではなく，**広義の国家ないし政治体間の法**と定義すれば，古代オリエント，古代中国，古代インド，そして中世イスラーム世界などにも，それぞれに固有の形での「国際法」が存在した．**禿鷹の碑，ラアメス2世（エジプト）とハットゥシリシュ3世（ヒッタイト）の条約，ダルマ，礼，スィヤル**などである．もっとも，「国家」，「平等」，「法規範」，「法的権利義務」などの諸観念は，近代ヨーロッパにおけるものとは異なっているために，近代ヨーロッパ国際法と単純に比較することは避けなければならない．

（7）近代ヨーロッパ国際法と現代国際法の相違点

15世紀末から1815年にかけて形成され，1815年から1919年の間に完成した近代ヨーロッパ国際法は，**主権概念，近代国家概念，近代的法観念，勢力**

均衡概念を基礎とする諸国家体系の考えなどを前提とする国際法である．これに対して，1919年以降成立していった現代国際法は，**国家以外の主体**の登場，**集団安全保障体制**の導入，**国際協力の拡大**，さらには単一的・同質的な国際社会から「多文化世界」への変化，という状況の中で妥当している法である．ただし，**主権国家の法的平等・自由を基礎とする「国家間の法」**という近代国際法の基本的性格は現在もなお維持されている．

事例演習

◆第1問◆

A国内のB国の大使館の館内に，A国の私人グループが乱入し，実力で占拠し，大使館員たちを人質として監禁した．こうした行動についてA国政府はなんら事前の承認や支援を与えてはいなかった．A国政府はしかし，事件発生後，B国が長年にわたりA国に対する内政干渉を行ってきており，大使館がスパイの本拠地として使用されてきたと主張した．そして，私人グループによる占拠・監禁を排除するための措置を何らとらず，B国との外交交渉を禁止した．

B国は，こうした事態を打開するために，国際連合安全保障理事会に付議した．安保理は，A国に対して，人質の解放と出国許可を求める決議を採択したが，その後もA国はそうした措置をとることはなかった．そうした中で，B国は，事前に安保理で協議することはいっさいなく，突然軍用ヘリコプターを使用してA国の領域に無断で立ち入り，人質救出作戦を実行した．

◆**設問** B国による人質救出作戦は，自力救済（自助）の措置として国際法上許容されるか．それは，国際法の法的性質を否定する行為とみなすべきであるか．

解　説

1）本設問は，1979年11月にイランのテヘランで発生した「米国大使館人質事件」を簡略化したものである．

2）国内社会においては，自力救済は原則として許されていない．それを許せば，強者が弱者を支配し，社会の秩序と正義が維持できなくなるからである．ただし，緊急やむをえない場合には一定の範囲で自力救済は認められる．

しかし，自力救済はあくまでも例外的状況であり，紛争は平和的方法で――最終的には裁判で――解決されるのが原則である．

　これに対して，国際社会においては，国内社会におけるような中央集権的な，法の執行機関も司法機関もないために，個々の国家に法の実現が委ねられている部分は，国内社会と比較すると圧倒的に多い．近代ヨーロッパ国際法の下においては，無制限の戦争遂行権が認められているとする考えや，戦争の開始自体は国際法の規律対象外（extralegal）ととらえる考えなどが主張されていたのであり，戦争そのものを自由に開始することもできたのである．

　3）しかし，武力不行使原則が確立して以降は，武力を用いた自力救済は，原則として禁止されている．自力救済に代わり，集団的制裁や国際裁判の制度が，未だ不十分な形ではあるが，存在することになった．ただし，急迫不正の侵害を武力によって排除する措置としては，自衛が認められている．それは，国内社会と国際社会の構造の根本的な相違により生じることであり，そのことをもって，ただちに国際法の法的性質を否定することはできない（本書第22章参照）．

　4）実際のケースでは，B国（米国）軍隊による人質救出活動が，A国（イラン）に対する，B国に固有の自衛権の行使として正当化できるかということだけが問題となったのではない．国際司法裁判所でまさに本件が審理されている渦中において，こうした活動が行われたからである．

　国内社会においては裁判の渦中でこれに類似するような自力救済，正当防衛の行動が正当化されるという状況は通常は想定しにくい．しかし，国際社会においては，仮に裁判に係争中であっても，状況によっては（急迫性が極めて高い場合には），自衛権の行使として正当化できる場合がある．

　もっとも，本設問の場合がそのような状況であったかは判断が分かれるところである．国際司法裁判所は，米軍による救出活動は，いかなる動機によるものであれ，国際関係における司法過程に対する尊重を損なうものであると断じた（1980年5月24日 ICJ〔国際司法裁判所〕判決）．そうした判断の背景には，1979年12月15日の暫定措置命令で，両国間の緊張を高めるような，いかなる行動も取ってはならないとされていたにもかかわらず，米軍の行動が翌年の4月24日から25日にかけて行われたという事実がある．

◆第2問◆

　A国は，南太平洋に孤立して存在する，小さな島嶼群からなる国家であり，1920年代に共和国として独立した．当時国際社会の多くの国々はA国を国際法上の国家として承認した．A国は，多くの国家との間に外交関係を樹立し，対外貿易も順調に行われた．また，国際連盟の加盟国ともなった．

　しかし，A国は，第2次世界大戦以後，他の国家との関係を積極的にもたない状態となり，1960年代末からは完全な鎖国状態となった．国際連合の加盟国となることもなく，世界のどの国家とも公式な関係をもたず，A国民の海外への渡航，他国民のA国への入国を，いっさい禁止した．魚とバナナを主食とする自給自足の生活が可能であるものの，一般国民の生活水準ははなはだ劣悪な状況に置かれている．

◆設問　A国の鎖国政策は，国際法が妥当する国際社会の理念と合致しないものであり，国際法に違反しているといえるか．

　解　説

　1）本設問は，アルバニア共和国の実例を参考にしつつ，創作したケースである．

　国家は国際社会の中に存在しているのであり，他の国家との公式関係をいっさいもたずに生存していくことは，現在の国際社会にあっては，現実にはほぼ不可能である．もっとも，アルバニア共和国の場合は，理念通りの共産主義体制の確立を目指して，1960年代後半から1990年代初頭にかけて，ほぼ完全な鎖国状態にあった．

　2）すべての国家に，国際社会の一員として，国際法上の権利義務を享受しなければならないという，国際法上の義務があるのであろうか．それとも，他国から完全に孤立して，いっさいの関係をもたないという選択肢は，国際法上許容されているのであろうか．この点については，従来の国家承認論に基づけば，国家の資格要件として「他国と関係を取り結ぶ能力（外交能力）」が挙げられるので，そうした能力がなければ，そもそも国際法上の国家としては存立していないということになる．もっとも，鎖国状態を宣言し実行している「国家」は，そもそも他国からの承認は必要とはしないのであって，国際社会のなかで純然と孤立して生きていくと宣言している「国家」について，強制的にこ

第1章　国際社会と法　　7

の国家承認論を適用できるかという，根源的な問題が存在する（国家承認論については本書第6章参照）．

　3）こうしたそもそも論は別とすると，国際社会の中に生きる国家として認められるということは，主権，平等などの権利を認められると同時に，国際法を遵守する義務もまた同時に課せられることになる．問題は，国際法遵守義務の履行と国際社会から断絶して鎖国状態にあることとが両立するか，という点である．

　A国が当事国となっている条約がある場合には，その条約上の義務を果たす必要がある．鎖国状態と両立するかは，その条約の具体的な内容によることになる．

　慣習国際法上の義務と鎖国状態が両立しない場合があるであろうか．少なくとも外国人の入国については受入国の裁量とされているので，違反とはならない．自国民の海外渡航禁止については判断が分かれるところであろう．1966年の自由権規約では自国を離れる自由が保障されているが（12条2項），この点が慣習国際法上の規則でもあるといえるかという点については意見が分かれるところである．

　4）本事例については，第2次世界大戦以前に樹立されていた他国との外交関係を一方的に断絶することが国際法上許されているかということもまた，問題となる．外交関係を断絶することそれ自体は，国際法上不当な行為であるとしても，違法な行為とはいえない（国家責任の問題は発生しない）．しかし，二国間条約を一方的に廃棄する，あるいは，A国に在留している外国人の権利を侵害するような行為を行ったというような場合には，国際法違反行為となる．

【参考文献】

大沼保昭「国際社会における法と政治」国際法学会編『日本と国際法の100年　第1巻　国際社会の法と政治』（三省堂，2001年）

河西(奥脇)直也「国際紛争の平和的解決と国際法」寺沢一ほか編『国際法学の再構築（下）』（東京大学出版会，1977年）

松井芳郎『国際法から世界を見る〔第2版〕』（東信堂，2004年）

茂木敏夫『変容する近代東アジアの国際秩序』（山川出版社，1997年）

柳原正治『グロティウス ―― 人と思想』（清水書院，2000年）

山本草二『国際法〔新版〕』（有斐閣，1994年）

第 2 章　国際法の法源

論 点

（1）国際法の形式的法源

　伝統的国際法の確立以来，国際法の法源（形式的法源＝法の存在形式）の中心は，**条約**と**慣習国際法**であった（国際司法裁判所〔ICJ〕規程 38 条 1 項(a)(b)）．国際法の問題に直面する場合，まず当該問題に適用できる条約規則の存否を確認し，次に慣習国際法規則の存在を検討することになる．条約がその当事国のみを拘束するのに対し，慣習国際法はすべての諸国を拘束する**一般国際法**の役割を果たすものと考えられてきた．なお，国際法の各法源は同等の価値をもつとみなされ，強行規範の場合をのぞき，一般には優劣関係はない（適用関係は第 5 章を参照）．

（2）条約の意味

　条約は，1969 年「条約法に関するウィーン条約（条約法条約）」によれば，「**国の間において文書の形式により締結され，国際法によって規律される合意**」であり，その名称はさまざまである．この定義とは別に，**国際組織**が当事者となる条約や**口頭**で結ばれる条約もある．国家間の合意でも，単に共通の政策を表明したにすぎない文書は**非法律的合意**とか**非拘束的合意**とか呼ばれる．ある文書が条約か非法律的合意かは，その文言や締結の際の事情に基づき判断される．条約は，慣習国際法と比較して，一般には規定内容が明確・詳密で，迅速な締結が可能である．現在では，国際社会の一般的な利益にかかわる規範や制度の設定はもっぱら多数国間条約（**立法条約**）の締結による．

（3）慣習国際法の成立要件

　慣習国際法は，諸国の「一般慣行」とそれを法として認める「法的確信」の 2 つの要件で成立するというのが通説である（**二要件論**）．**一般慣行**の成立には，**特別利害関係国**を含む諸国一般の間に「**恒常的かつ均一**(constant and uniform)**の実行**」が存在していることが必要である．これは，当該実行に関し

絶対に厳密な一致を求めるものではなく，一般的な合致で足りると解されている．ただし，実行や公式見解のなかに不確実や矛盾，動揺や不一致があり，政治的便宜により影響されている場合は，「恒常的かつ均一の実行」の存在は認められない．さらに慣習国際法の成立には，一般慣行に**法的確信**（または**法的信念**〔opinio juris〕）がともなうことが求められる．すなわち，一定の実行が，法的な義務または権能としての認識をともなって行われることが必要となる．この要件は，単に礼譲，便宜，伝統に基づく慣行から慣習国際法を区別する役割を果たす．

（4）補充的法源

条約や慣習国際法の規則がない**法の欠缺**の事態に際し，裁判所が適用すべき法源として「**文明国が認めた法の一般原則**」が採用された（ICJ規定38条1項(c)）．これは，エストッペル，信義誠実，裁判手続きの諸原則など，**国内法に共通する概念**を適宜国際法に取り込むことにより裁判準則を提供する形式的法源といえる．これとともに，公正かつ衡平な裁判の理念に基づき，法の欠缺を補充するため**衡平**の概念が適用されることもある．これは，法を超えた考慮である「**衡平及び善**」（同2項）とは区別される．

（5）その他の法源

以上のほか，国家の**一方的宣言**（約束）が，**公に拘束される意図を表明する場合**に新たな義務を設定するものと認められたり，また，一方的な管轄権の設定が，**実効性や信義誠実の原則**により，他国に対する有効性（**対抗力**）を獲得することもある．他方，国際組織の決議は，一般には勧告的効力にとどまるが，諸国の法的確信の証拠になるなど，**実質的法源**として国際法の発展に重要な役割を果たすことがあり，また，**国連憲章25条**に基づき，すべての加盟国を拘束する**安全保障理事会決定**の中には，実質的に立法的性質をもつものも現れている．

（6）補助的手段

ICJ規程38条1項(d)は，「法則決定の補助的な手段」として「**裁判上の判決**」と「**学説**」を挙げる．ICJの判決は**先例拘束性を有しない**（同59条）が，先例の考慮は国際法の安定性と裁判の予見可能性を確保するうえで不可欠であり，ICJの**判例法**（case law）は国際法規則の確立に際して重要な役割を担ってきた．学説は，現在では，判例法と比べるとその比重は低下しているものの，**あるべき法**（de lege ferenda）を理論的に示すことにより，裁判所の判断

形成に大きく影響を及ぼす場合もある．

事例演習

◆第1問◆

　A国とB国は，両国間の戦後処理と外交関係の樹立にあたって共同声明を発出した．これは，両国の政府の長が会見後に署名したもので，この種の条約の締結のために両国で必要とされる批准等の手続をとるものではない．この共同声明のなかで，A国は「B国政府がB国の唯一の合法政府であることを承認する」ものとし（2項），これに対して，「B国政府は，両国国民の友好のために，A国に対する戦争賠償の請求を放棄することを宣言する」と明記した（5項）．

　それから6年後，A国とB国は正式に平和友好条約を締結した．その前文では，上記の「共同声明に示された諸原則が厳格に遵守されるべきことを確認し」ている．そのうえで，条約の本文は，相互の関係に関する原則と経済・文化の交流を規定した．しかし，戦争賠償の請求の放棄については条文では何もふれていない．この条約は，両国で批准の手続を経て同年に効力を発生した．

◆**設問**　この共同声明5項は，国際法上の法的拘束力をもつといえるか．

解　説

　1）本設問は，日中共同声明5項を題材とした事例であり，これに関しては最高裁判所の平成19年4月27日の判決がある．

　2）国家間で合意される文書の中には，法的拘束力をもつ条約と法的拘束力をもたない文書（非法律的合意とか非拘束的合意とか呼ばれるもの）がある．条約法条約（2条1項(a)）は，「国際法によって規律される国際的な合意」を条約と定義している．

　3）本件の共同声明は，平和条約の実質をもつとしても，条約の締結のための手続をとるものではない．したがって，その中の条項が条約として法的拘束力をもつことはない．しかし，そのことによって，声明のなかのいかなる条項も法規範性をもちえないというわけではない．特定の条項の法的性質については，その文言や締結の際の意図・状況に基づく判断が必要となる場合もある．

　4）本問では，締結の際の意図・状況は示されていないが，共同声明5項は，B国が「A国に対する戦争賠償の請求を放棄する」ことを明確に宣言して

いる．政府の長が共同声明でこうした文言に合意したことからみて，B国政府がこれを法規範として認識していなかったとはまず考えられない．したがって，これは，一方による宣言ではあっても，国際司法裁判所が核実験事件（1974年）の判決で述べた，「公に発せられ，かつ拘束される意図をもつ」宣言の1つとみるべきであろう．しかも，核実験事件における宣言が特定国に対してではなく一般対世的に行われたものであったのに対し，本件宣言はA国を名宛国として明記するものである．それだけいっそう，宣言に拘束される意図が明らかであるといえる．以上の点から，この共同声明5項は，法的拘束力をもつ一方的宣言とみるのが妥当である．

5）その後の平和友好条約の前文は，共同宣言5項の一方的宣言としての法的拘束力を確認したものと考えることができる．しかし，これは前文での確認にとどまり，条約の本文はこれについてなにもふれていない．したがって，これによって，共同宣言5項の規定が平和友好条約に取り込まれ，条約としての法的拘束力を獲得したとみることは困難であろう．条約の前文は，条約の趣旨目的を示すもので，条約解釈における文脈にあたる（条約法条約31条2項）が，それ自体は新たな権利義務を創設するものとはいえない．

最高裁判所は上記判決において，共同声明5項が一方的宣言として法的拘束力をもつことを認める判断を下した．また，それにとどまらず，この5項が，平和友好条約により「条約としての法規範性を獲得した」とも判示した．しかし，上記の通り，平和友好条約の前文での確認により，条約としての法規範性を取得したというのには無理がある．

◆第2問◆

2012年，大規模な内戦が発生し，その鎮圧に苦慮するA国政府の報道官は，記者会見において，この内戦に対する外国の武力介入があれば，化学兵器の使用も辞さないと語った．

化学兵器は第1次世界大戦において大規模に使用されたが，これを契機として1925年に毒ガス等禁止議定書が締結された．この条約では，「窒息性ガス，毒性ガス又はこれらに類するガス」の使用が「文明世界の世論によって正当にも非難されている」ことを確認し，それらを禁止する規定が設けられた．この条約は当時の大多数の国が支持し，2011年12月現在でその当事国は135ヵ国にのぼる．1969年，国連総会は，化学兵器の使用は上記の議定書に具体化さ

れた「国際法の一般に承認された規則」に反するとの決議を，賛成80，反対3，棄権38で採択した．

　第2次世界大戦後，長い間，タブンやサリンといった猛毒ガスの国際的武力紛争における使用は公式には確認されていなかった．しかし，1980年代になって，B国が隣国との国際的武力紛争でタブンを使用したことが判明した．その際，国連事務総長はこの使用が国際人道法違反であると非難し，また，国連安全保障理事会は化学兵器の使用が毒ガス等禁止議定書（B国も当事国）に違反することを確認した（決議598(1987)）．

　その後，1993年1月に化学兵器禁止条約が締結され，1997年4月に発効した．この条約は，化学兵器の開発・生産・貯蔵・使用を禁止し，このための査察制度を設けている．2011年12月現在，すべての安全保障理事会常任理事国を含む185ヵ国がこの条約の当事国であるが，他方，イスラエル，エジプト，シリアなどの中東諸国やミャンマー，北朝鮮といったアジア諸国が加入していない．なお，1998年の国際刑事裁判所規程8条2項は，「窒息性ガス，毒性ガス又はこれらに類するガス」の使用は戦争犯罪と規定している．

　A国政府は，上記の記者会見に際して，同国は毒ガス等禁止議定書，化学兵器禁止条約，国際刑事裁判所規程には加入しておらず，他国の武力攻撃に対しタブンやサリンを含む化学兵器を使用しても，いかなる国際法の規則や原則にも反しないと説明している．

◆設問　上記の経緯に照らして，A国に対し，化学兵器の使用は国際法に反するという反論を行う場合，どのような主張になると考えられるか．

解　説

　1）本設問は，国際法の法源に従って，化学兵器の使用を禁止する規則を論ずるように求める問題である．実際の化学兵器の禁止に関しては，問題文のほかにも，さまざまな文書や実行があるが，「上記の経緯に照らして」という設問の条件の下で考えられる主張を論ぜよという趣旨である．国際司法裁判所規程38条に掲げられた法源の意味をよく考えて解答することが求められる．

　2）本件では，A国はいずれの条約の当事国でもないため，A国による化学兵器の使用が条約に反するという主張ではできない．そのため，慣習国際法の規則または国際法の(一般)原則に反するという主張を行わなければならない．

その際，特に重要な論点となるのは条約と慣習国際法との関係である．

3）この両者の関係に関して，国際司法裁判所（ICJ）は，北海大陸棚事件（1969年）において3つの場合に区別して論じている．第一は，条約の規定が既存の慣習国際法の内容を確認して成文化したものである場合（宣言的効果），第二は，条約の締結にともない形成過程にあった慣習国際法の結晶化をもたらす場合（結晶化効果），第三は，条約の中の規範創設的な規定が，その後に慣習国際法の形成をもたらす場合（創設的効果）である．これらの場合，当該条約規定は，慣習国際法としてすべての国に適用できるものとなる．

4）本問の場合，第1次世界大戦での化学兵器の使用を契機として，極めて短期間のうちに，それを禁止する条約を締結すべきとの合意が形成された．ICJは，上記事件で，慣習国際法の成立要件である一般慣行と法的確信を満たす場合，短期間の経過でも慣習国際法の成立が認められるとした．これに従えば，1925年毒ガス等禁止議定書への大多数の諸国の支持は，当該条約規定が既に慣習国際法として確立していたとの主張を可能とするかもしれない．

5）また，この時点では慣習国際法として確立したとはいえないとしても，その後，各国が猛毒ガスの使用を回避してきたことを根拠に，慣習国際法の成立を論じることができる．ICJは，上記事件で，条約上の規則が短期間で慣習国際法と認められるための条件として，特別利害関係国を含めて，国家実行が広範かつ実質的に均一であることが必要と判示した．一般慣行に関しては，ICJは，ニカラグァ事件（1986年）で，絶対に厳密な一致ではなく，当該規則に一般に合致していることが求められるとし，当該規則に矛盾した行為があっても，それが新たな規範の承認ではなく，当該規則の違反として取り扱われていれば十分とした．したがって，B国によるタブンの使用の事実は，慣習国際法の成立を否定するものではない．

6）また，ICJは，核兵器使用の合法性事件の勧告的意見において，国連総会決議は慣習国際法の規則の存在や法的確信の出現を証明する重要な証拠となることを認めている．大多数の賛成により採択された1969年の総会決議は，毒ガス等禁止議定書が「国際法の一般に承認された規則」とみなしており，これは毒ガス禁止に関する法的確信の証拠として援用できる．さらに，化学兵器禁止条約や国際刑事裁判所規程も，各国の一般慣行と法的確信の重要な証拠として挙げることができる．

7）以上の慣習国際法の規則の議論に加えて，国際法の原則に照らした主張

も考えられる．第一に，武力紛争法ないし国際人道法における「不必要な苦痛を与える兵器の禁止」という原則がある．これは，軍事的必要を上回る非人道的な兵器の使用を禁止する，ハーグ陸戦規則（23条イ）等の多数の条約規定から抽出された原則である．条約や慣習国際法の規則が適用できない場合，こうした一般的な原則に基づいて特定の兵器の禁止が主張される．第二に，陸戦条約前文のいわゆるマルテンス条項（人道の法則や公共良心の要求から生ずる原則の適用を認める条項）やICJの判例により認められている人道の基本的考慮といった原則の適用も考えられる．ただし，これらの原則から一律に特定兵器の禁止の結論を導くことができるかには疑問もある．上記の核兵器使用の合法性事件でもこうした原則の適用が検討されたが，「自衛の極限的な状況での核兵器の威嚇・使用が合法か違法か確定的な結論を下せない」という判断が示された．

8）本問は，化学兵器の使用禁止を論ぜよとの前提であるが，実際に化学兵器の使用禁止がどの程度確立しているかは難しい問題である．毒ガス等禁止議定書や化学兵器禁止条約に加入していない国の中には，相手側の大量破壊兵器の使用に対する復仇として化学兵器を使用する権利を留保する国もある．また，化学兵器禁止条約は国際的武力紛争における暴動鎮圧剤の使用を禁止する規定を設けたが（1条5項），これが慣習国際法として確立したといえるかにも議論があろう．慣習国際法の成立をめぐっては，以上のような問題を厳密に分析する必要があるが，それは本問の範囲を超えるものである．

【参考文献】
河西(奥脇)直也「国連法体系における国際立法の存在基盤」大沼保昭編『国際法，国際連合と日本』（弘文堂，1987年）
田中則夫「慣習法の形成・認定過程の変容と国家の役割」国際法外交雑誌100巻4号（2001年）
中村耕一郎『国際「合意」論序説』（東信堂，2002年）
中谷和弘「言葉による一方的行為の国際法上の評価（1）～（3・完）」国家学会雑誌105巻1=2号（1992年），106巻3=4号（1993年），111巻1=2号（1998年）
村瀬信也『国際立法――国際法の法源論』（東信堂，2002年）
藤田久一「国際法の法源論の新展開」山手治之=香西茂編『国際社会の法構造――その歴史と現状』（東信堂，2003年）
山本草二「一方的国内措置の国際法形成機能」上智法学論集33巻2=3号合併号（1990年）

第 3 章 条 約 法

論 点

(1) 条約法の特徴

条約法の多くは，契約法との類推を根拠にしつつ，慣習国際法として確立してきたが，これを法典化したのが 1969 年「**条約法に関するウィーン条約**」(条約法条約) である．この条約は，国家間で締結される書面の条約を対象とし (2 条 1 項(a))，多種多様な形式と機能をもつ条約に関し基本的に同一の規則を提供する．また，国際社会全体の法益保護の観点から，強制による条約や強行規範に反する条約を無効とする新しい規定も設けている．

(2) 条約の締結手続

条約文の採択は，原則として作成に参加したすべての国の同意によるが，多数国間条約は別段の合意がなければ 3 分の 2 以上の多数による (9 条)．条約文の確定は，交渉国が合意した手続または署名による (10 条)．**条約に拘束されることについての同意の表明**には，署名や批准・受諾・承認などの方式がある (11 条)．このうち最も厳格な方式は**批准** (14 条) である．この方式は，条約の署名後に条約締結権者が条約文を審査する機会を保障するものであるが，条約締結に対する立法府の統制という各国憲法上の要請ともなっている (**外交の民主的統制**)．なお，批准などを条件として署名した場合，署名国は，信義誠実の原則により，**条約の趣旨・目的を失わせる行為を差し控える義務**を負う (18 条)．

(3) 条約の留保と解釈宣言

留保とは，多数国間条約の署名・批准などに際して，その一部の規定の適用を排除・変更して条約の当事国となることを認めるものである．この制度は，できるかぎり多数の国を条約の当事国として確保したいとの要請 (**普遍性の要請**) と，条約の当事国に対し一律に条約を適用するのが望ましいとの要請 (**一体性の要請**) のバランスの上に成立している．条約法条約は，留保の許容性に

関し**条約の趣旨・目的との両立性**という基準を採用し（19条），留保の受諾・異議に関する規定を設けている（20条，21条）．しかし，これらの規定は，留保の許容性と受諾・異議との関係を明確にしていない点で問題も残っている．なお，留保とは別に，条約規定の特定の解釈を示す**解釈宣言**が行われることがあるが，その名称にかかわらず，それが実質的に留保に該当する場合はその許容性が問題となる．

（4）条約の効力

条約法条約第26条は，「**合意は拘束する**（pacta sunt servanda）」の原則に基づき，条約の誠実な履行を求める．条約は，原則として**不遡及**であり（28条），当事国の**領域全体**に適用される（29条）．「合意は拘束する」の原則の帰結として，「条約は，第三国の義務又は権利を当該第三国の同意なしに創設することはない」（34条）．この第三国の合意に関して，**義務の場合は「書面による同意」**が必要であり（35条），**権利の場合は「同意しない旨の意思表示がない限り」同意の推定**がなされる（36条）．

（5）条約の無効

無効原因に関し，条約法条約は，**条約関係の安定性確保**のため**網羅主義**（42条1項）を採用した．これには，当事国が無効原因として援用できるもの（相対的無効原因）と当初からいかなる法的効果も生じさせないもの（絶対的無効原因）がある．前者にあたるのは，**国内法違反**（46条），**代表者の権限踰越**（47条），**錯誤・詐欺・買収**（48-50条）であり，後者にあたるのは，国際公序の違反に関係し，国の代表者や国に対する強制（51-52条），**強行規範の違反**（53条）である．**強行規範**とは，いかなる逸脱も許されない一般国際法上の規範であって，そのことが国際社会全体（大多数の諸国）により承認されていることが必要である．

（6）条約の解釈

条約法条約は，「条約は，文脈によりかつその趣旨及び目的に照らして与えられる用語の通常の意味に従い，誠実に解釈するものとする」（31条1項）との一般規則を設けた．これは，**信義誠実の原則**を確認し，「**用語**」「**文脈**」「**趣旨・目的**」という三要素を盛り込み，「**用語の通常の意味**」を解釈の軸に据えたものである．これに加え，当事者の意思を探求するため，**解釈の補足的な手段**として**条約の準備作業**などに依拠できると定めた（32条）．

（7）条約の終了

条約の終了（運用停止も含む）原因に関し，条約法条約は，**条約関係の安定性確保**のため**網羅主義**（42条2項）を採用した．それには，当事国の合意による終了（54-57条）と，**条約の重大な違反**（60条），**後発的履行不能**（61条），**事情の根本的な変化**（62条），**外交関係・領事関係の断絶**（63条），**新たな強行規範の成立**（64条）という一定の事態に基づく終了（60-64条）がある．事情の根本的な変化については，濫用の危険性が高いため，消極的な規定の仕方を採用し，しかも厳格な条件を定めている．

事例演習

第1問

A国は，生物資源の保存管理のための多数国間条約に加入していた．この条約は，一定の生物資源の持続的な利用のために締約国が適当な保存・管理の措置をとることを目的とし，この目的の実現のため，当該生物資源の捕獲量や捕獲区域などについて，条約によって設置された委員会に報告するよう義務づけていた．さらに，締約国間で紛争が生じた場合，交渉により解決できなかったときには，国際司法裁判所に当該紛争を付託するよう求める規定も設けられた．

この条約の締約国会議は，ある生物資源が絶滅に瀕しているため，この条約の下でその捕獲を全面的に禁止する決定を行った．この生物資源を伝統的に捕獲してきたA国は，この決定には何ら合理性がないと主張して，その捕獲を続行するとの方針を表明した．その際，A国政府は捕獲に関する報告や紛争解決手続に関する規定が自国の活動を阻害する恐れがあると判断し，いったん条約を脱退し，関連する規定に留保を付してあらためて加入する措置をとった．すなわち，当該生物資源に関しては，A国は条約上の報告義務や紛争解決義務を負わないとの趣旨の留保である．

なお，この条約には，いつでも自由に脱退できるとの規定がある．他方，特に留保に関して定めた規定はない．

◆**設問** A国の留保は，条約法に関するウィーン条約19条に規定された，条約の趣旨・目的との両立性の基準を満たすか．また，仮にA国の留保が両立性の基準を満たさず無効と判断された場合，条約への加入の意

思も無効となるか．

解説

1）本設問は，近年特に人権条約で争点となることが多い，留保の許容性と効果の問題に関し，生物資源保存条約の事例に置き換えて問うものである．

2）条約の中には，留保について特に規定しているものがあり，その場合には当該規定に従って留保の判断がなされる．そのような規定がない場合，一般に，条約法に関するウィーン条約（以下，条約法条約）19条に規定された，条約の趣旨・目的との両立性の基準に従って許容性の判断が行われることになる．本問の条約には留保に関する規定がないため，設問の通り，この両立性の基準を満たすか否かが問題となる．

3）本問の留保は，条約で定められた報告と紛争解決の手続に関するものである．こうした条約の実体的義務にかかわらない留保は，一般に条約の趣旨・目的を害するものではないと考えられてきたが，他方，人権諸条約の国家報告制度のように，当該条約の履行確保に不可欠な制度への留保は条約の趣旨・目的に両立しないとの意見もある（2006年コンゴ領軍事活動事件〔コンゴ対ルワンダ〕・共同個別意見）．これに従えば，本問の報告義務に対する留保は，条約の目的である適当な保存・管理措置に不可欠であることから，両立性の基準を満たさないとの議論も考えられる．他方，紛争解決手続の留保については，本来的に紛争解決手段の選択は各国の自由に委ねられていることからすると，両立性の基準を満たさない場合は限定されることになろう．実際に，ジェノサイド条約の紛争解決条項への留保は両立性の基準に反しないという判断がある（上記コンゴ領軍事活動事件）．

4）以上の通り，本問の留保の許容性に関しては，特に報告制度に関し是非の判断が分かれる可能性があるが，仮に留保が無効と判断された場合，次に，条約へ加入する意思の有効性が問題となる．これに関しては，留保と条約加入の意思とは不可分であり，留保が無効ならば当然に条約加入の意思も無効になるという立場と，留保と条約加入の意思とは可分であり，留保の無効とは切り離して，条約加入の意思の有効性を考えるべきだとの立場が対立する．欧州人権裁判所のブリロ事件（1988年）では，留保可分論にたって，たとえ留保が無効であったとしても，当該国は条約の当事国になる意思があったという判断を下している．

5）本問の場合，A国は，締約国会議の決定が合理性を欠くとの理由から，捕獲を続行する障害を取り除く必要があったため，いったん条約を脱退したうえで，それに留保を付したうえで再加入している．この事情からすれば，留保が認められることが再加入の不可欠な条件であったと考えるべきであろう．このような場合，留保可分論にたって，留保の無効が条約への加入の意思の有効性に影響を与えないとみるのは困難である．したがって，留保が無効と判断されれば，条約への加入の意思もなかったと判断せざるをえないであろう．本問のような場合に，仮に加入を有効と判断すれば，A国は再び条約から脱退する道を選ぶ可能性もある．実際，自由権規約第1選択議定書の留保の事例であるロウル・ケネディー事件（1999年）ではこのような結果に終わってしまった．

第2問

1977年，A国（上流国）とB国（下流国）は，両国を貫流する河川の開発に関する条約を締結した．この条約で，両国はそれぞれにダムや水路を建設する計画に合意した．A国側の施設建設は順調に進み，計画どおりB国側の河川の分流が行われれば，発電が可能な段階に達していた．

ところが，B国は，1989年になって，この計画がB国の生態系に対して重大な悪影響を与えるとの理由から計画を一方的に中断するに至った．これに対して，1991年にA国は，早期の発電開始を目的として自国領域内のみで河川を分流して人工運河とダム貯水湖を建設する暫定的な計画をB国に通告した．これを受けて，B国は，1992年5月に条約の終了を宣言した．その後同年10月に，A国は河川の分流を開始し，このため，B国領域内の河川の水量が激減し，沼沢地域が干上がる被害が生じた．なお，この河川の開発に関する条約には，状況の変化に応じて計画の再調整を行う手続を定めた規定があった．

なお，A国，B国ともに条約法に関するウィーン条約の当事国である．

◆設問　B国は，条約の終了原因として，河川の分流による計画の後発的履行不能，生態系への重大な悪影響という事情の根本的な変化，河川の分流という重大な条約違反を主張したが，それぞれに関する問題点を指摘しなさい．

解 説

1) 本設問は，国際司法裁判所のガブチコヴォ・ナジュマロシュ（G／N）計画事件（ハンガリー／スロヴァキア，1997年判決）を簡略化し，B国の主張内容を一部変更した事例である．

2) 条約法に関するウィーン条約（以下，条約法条約）は，条約の終了原因に関し網羅主義（42条2項）の立場をとっている．したがって，条約法条約の枠組みでは，合意による場合を除けば，60条から64条までの事由に該当する場合に条約の終了が認められる．本問に関しては，以下の3つの事由が問題となる．

3) 後発的な履行不能（61条）は，条約の実施に不可欠な対象が永久に消滅または破壊されることが条件である．条約の対象となる，島の水没，河川の枯渇，ダム・水力発電所の破壊などがその例として挙げられる．本問の場合，A国の計画を受けた時点では，まだ分流は実施されておらず，条約の実施に不可欠な対象が失われたとはいえない．したがって，この時点ではこれを終了原因として援用することはできない．仮に計画が実施に移された時点で考えると，分流が永久に当初の計画の実施を損なうものであるかどうかが問題となる．この分流が暫定的なもので当初の計画に戻すことができるのであれば，せいぜい運用停止の原因にとどまる．他に，履行不能状態にあるとしても，履行不能は，それが自らの義務違反の結果である場合には援用することができないので，生態系への配慮からB国が計画を一方的に中断したことが条約の違反にあたる場合には，B国は履行不能を主張することはできないことになる．

4) 事情の根本的な変化（62条）に関しては，それが条約関係を極めて不安定なものとする懸念から厳格な条件が設定されている．すなわち，予見不可能な事情の根本的な変化について，（a）当該事情の存在が当事国の同意の不可欠の基礎を成し，（b）当該変化が履行すべき義務の範囲を根本的に変更する効果をもつことである．本問の場合，第一に，条約の締結時において生態系への悪影響がまったく当事国の予見しなかったものであったかが問題となる．ダムの建設およびそのための河川の分流がB国領域内に与える影響については，1977年の条約締結時において当然考慮されるべき事項であろう．したがって，当時まったく知られていなかった生態系破壊の原因などがその後科学的に解明されたといった事情がないかぎり，事情の根本的な変化を主張することは難しいと考えられる．第二に，当該事情の変化が条約上の義務の範囲を根本的に変

更するものであったかが問題となる．したがって，本問の場合，生態系への重大な悪影響を回避するため，条約の範囲内で適当な措置をとることができなかったかという点の考慮も求められる．実際，ハンガリー・スロヴァキア間の条約には，状況の変化に応じて計画の再調整を行う手続きが規定されていたため，事情変更の主張は認められなかった．

5）二国間の条約に関し，一方の当事国の重大な違反があった場合，他方の当事国は当該違反を条約の終了または条約の全部もしくは一部の運用停止の根拠として援用できる（60条1項）．本問に関しては，A国が暫定的な計画を通告した時点では，まだ分流が行われていたわけではなく，A国側に条約の重大な違反が生じていたとはいえない．したがって，この時点ではB国はそれを条約の終了原因として援用することはできないことになる．仮に，分流が実際に行われていたとすれば，それが条約を否定するものか，または，条約の趣旨および目的の実現に不可欠な規定の違反であったか否かが問題となる（60条3項）．この分流がB国の一方的な計画の中断に対する暫定的な措置であるとすれば，B国がそれを重大な違反として条約の終了を宣言することはできないだろう．

6）実際の事件では，A国の分流がB国の計画中断に対する対抗措置（国家責任法上の違法性阻却事由）として行われたか否かが問題となった．それが対抗措置の要件をみたすものであれば，A国による分流は条約の違反にはあたらないことになる．この点に関し，裁判所は，A国の分流の効果は，B国の計画の中断との関係で「均衡性」の要件を満たしていないとの理由により，対抗措置としての適法性を否定した．

【参考文献】
小川芳彦『条約法の理論』（東信堂，1989年）
坂元茂樹『条約法の理論と実際』（東信堂，2004年）
坂元茂樹「『条約の留保』に関するガイドラインについての一考察」村瀬信也＝鶴岡公二編『変革期の国際法委員会』山田中正大使傘寿記念（信山社，2011年）
中野徹也「条約法条約における留保の『有効性』の決定について（1）・（2・完）」関西大学法学論集48巻5=6号，49巻1号（1999年）
松井芳郎「条約解釈における統合の原理——条約法条約31条3(c)を中心に」坂元茂樹編『国際立法の最前線』藤田久一先生古稀記念（有信堂高文社，2009年）
薬師寺公夫「自由権規約と留保・解釈宣言」桐山孝信ほか編『転換期国際法の構造と機能』石本泰雄先生古稀記念論文集（国際書院，2000年）

第4章　国際法と国内法の関係

論　点

(1) 国際法と国内法との関係についての一元論と二元論
　国際法と国内法との関係をめぐっては，わけても妥当根拠をいずれか一方に求める一元論とそれぞれ別個のものと考える二元論との間に対立がみられた．一元論には，国際法の妥当根拠を国内法に求める**国内法優位の一元論**，国際法と国内法との間にはその妥当根拠につき，委任の連関があると考えたうえで，国内法の妥当根拠を国際法に求める，**国際法優位の一元論**がある．これに対して，**二元論**は，国際法と国内法とは別個の妥当根拠に基づくとして（また，規律対象が違うことに着目して），両者は別個の法秩序であるとする．この対立は，国際法の妥当性をどのように基礎づけるかをめぐる理論的な対立の色合いが濃い．

　もっとも，現在では，国際法上国家が負う義務と国内法上の義務の間の矛盾や抵触がどのように調整されるかに着目して，国際法を調整の法と性格づける**等位理論**ないし**調整理論**と呼ばれる見方が支持を受けるようになっている．ただ，この見方は従来の理論的対立からみれば二元論との違いが明確ではない．

(2) 国際法上の義務と国内法上の義務との抵触の態様とその調整
　現在の国際法では，たとえば人権保障の諸条約に典型的にみられるように，その規律内容が従来もっぱら国内法に委ねられていた事項に及ぶことが多くなっている．そのため，国際法上の義務の履行のために必要な国内法が存在しないと考えられる場合（**消極的抵触**）や，国内法の規定内容やそれに依拠してとられた措置が当該国家の負う国際法上の義務に違反すると考えられる場合（**積極的抵触**）がしばしば生じるようになっている．

　義務が抵触する場合には，その間の調整をはかる方法が用意されている．それは国際的平面と国内的平面に分けて考える必要がある．国際的平面では，国内法を持ち出して国際法上の義務の不履行を正当化しえないとする**国内法援用禁止の原則**にみられるように**国際法が国内法に優位**する．そのうえで，国

23

際法上の義務違反に対しては，**国家責任法**による対応が想定されている．また，ノッテボーム事件におけるリヒテンシュタインの国籍法のように，国際法に合致しない国内法は，国際法上，他国に対して**有効な対抗力**をもたないとされることもある．ただ，国際的平面では，国内法を無効と判断することはなく，国内法上の効力については，当該国家の国内的平面での扱いに委ねられる．国内的平面では，国際法上の義務の違反となる事態を回避し，また義務の内容を実現するために，国内法を改廃することや，国によっては**自動執行力**を認めることで国際法を国内的に直接的に適用する方法もとられる．また，国際法を国内法の解釈を左右する考慮要素（解釈基準）とすることもある（いわゆる**間接適用**）．

（3）国際裁判における国内法の事実性

国際裁判では国際法を裁判基準として適用し，国家の行動を国際法に照らして判断する．裁判所は，国内法を適用ある規範とみなしてその解釈を行ったり，当該国家の国内機関による国内法解釈が正当なものであるかどうかを審査したりするものではない．国内法は**国家の行動を示す事実**の1つとして扱われる．

（4）国会承認条約，また，国会承認条約と行政協定の区別

条約には，締結に国会の承認を必要とする**国会承認条約**と，行政府かぎりで締結することのできる**行政協定**とがある．条約に国会承認を必要とする背景には**外交の民主的統制**の要請がある．その一方で，現在の国際社会の緊密化の中で国家はおびただしい数の条約を締結することが求められるに至ったため，外交関係の迅速な処理のためには，すべての条約に国会の承認を必要とすることには合理性がない．こうして国会承認条約と行政協定の区別が必要となるが，日本では憲法慣行に委ねられ，法律事項を含むもの，財政事項を含むもの，国家間基本関係を設定する政治的に重要なもので批准を要するものが国家承認条約とされている（大平三原則）．

（5）条約および慣習国際法の国内的編入手続の態様，および条約の自動執行力

国内的編入手続は各国の憲法ほかの国内法体制で定まり，**国内管轄事項**とされている．条約や慣習国際法に**国内的効力**を認める方式を**受容**という．他方，国内的効力を認めない方式を**変型**という．変型方式では，国際法の国内的実現のためには，国内法を必要とする．イギリスのように，条約については変型方式，慣習国際法については受容方式をとっている国もある．

受容方式がとられ国内法的効力が認められる場合でも，国際法が直接に国内裁判等で適用されるためには，当該条約規定や慣習国際法の規範に**自動執行力**があることが必要であると考えられている．その基準については，国家によって異なり，また，争いがある（「事例演習」第2問を参照）．

　また，国内的効力をもつ国際法が，国内法の**効力順位**の中でどこに位置づけられるかについては，各国が国内法に基づいて自由に決定できる（**国内管轄事項**）．

事例演習

◆第1問◆

　B 国の関税法は，同国の排他的経済水域の一部を関税域として，その適用範囲に含めている．A 国を旗国とする船舶 X が同法の定める関税域で操業中の漁船に対して軽油を供給したところ，B 国はこの行為を関税法違反であるとして同船を拿捕し，その船長には刑罰が科された．B 国のこの行動をめぐって両国間に生じた紛争は国際海洋法裁判所に付託された．

◆設問1　A 国は X による軽油供給は B 国関税法に違反するものではなく，また，同国関税法の適用は国連海洋法条約上認められるものではないと主張したが，B 国は，同国関税法の適用は国連海洋法条約に適合し，また，国内当局や国内裁判所において正当な国内法の解釈としてなされているのであって，裁判所はこの点に関して判断をする権限はないと主張した．軽油の供給が B 国の関税法に違反しないとする A 国の主張，また，関税法の解釈の当否に関して裁判所は判断する権限はないとする B 国の主張に関して，裁判所はどのような判断をすべきか．

◆設問2　本事例のように執行措置がとられた場合と，関税法が制定されているため船舶 X が給油活動等を控えざるをえない状況にあるにすぎない場合とで，A 国の請求目的やその性質に差異が生じるか．

解 説

1）本設問は，国際海洋法裁判所のサイガ号事件（No. 2）の事実関係と当

事国の主張を参考にしたものであるが，設問1は裁判上実際に判断がなされた論点にかかわる．設問2は同事件の争点というより，国内法やそれにもとづく措置に関して，国際的平面での調整のあり方と関連してどのような請求を提起することが考えられるかに関する問題として独自に設定されている．

2）設問1では，B国の国内法の解釈の当否等についての主張について，裁判所がこれを判断する権限があるかどうかが問われている．一般に，国内法は国際裁判所にとっては国家の行動を表す事実の1つとして扱われ，国内法の解釈や適用の国内法上の当否をめぐり，これを審査し判断する権限はない．他方，裁判所は，国家が国内法の適用に際して，国際法上の義務に合致して行動したかどうかを判断することが妨げられるものではなく，また，この点こそが裁判所の判断の対象である．

したがって，裁判所は，軽油供給活動がB国関税法に違反するものではないとするA国の主張を判断することはできず，また，その必要もない．B国の国内法の解釈の当否や国内法の適用が適切になされているかどうかについても同様である．

3）設問2は，国家責任の追及が問題となりうるのか，対抗力の有無のみが問題となるかどうかを問うものである．両者の区別は必ずしも明確とは言い難い点もあるが，概念上，原則として，両者は区別される．

まず，B国の関税法の適用として執行措置が行われている場合には，A国は，関税法が国連海洋法条約に適合するかどうかについて主張するとともに，具体的にとられた執行措置について，国際法上の義務に違反するとして，国家責任を追及する請求を提起することができよう．他方，設問2の設例では，執行措置が具体的にとられていない状況である．そのため，関税法の条約適合性について，すなわち対抗力の有無のレベルで請求を提起すること（あるいはまた，軽油供給活動について条約上権利のあることの確認）が考えられる．もっとも，対抗力についてのみ問題として請求を提起するかどうかは，実践的な判断に左右されるといえる（1951年の漁業事件において，イギリスは当初賠償請求を提起したが，最終的には対抗力のみを問題とした）．ただ，具体的な執行措置がなくとも，国内法令の存在やその影響が生じているだけで国際法上の義務違反になるとして，国家責任が生じるかどうかは国家責任法の問題としてさらに論じることが必要となる．

◆第2問◆

　第2次世界大戦中に，Xは日本国軍隊が占領する地域において，日本国により抑留者収容所に収容され，強制労働をさせられたとして，戦後，日本国政府を相手に日本の国内裁判所で損害賠償請求を提起した．根拠の1つとして，強制労働が，1907年のハーグ陸戦条約（陸戦ノ法規慣例ニ関スル条約）に附属するハーグ陸戦規則（陸戦ノ法規慣例ニ関スル規則）に違反することを主張した．

◆設問1　裁判手続において個人が条約規定を援用する場合，当該条約規定に自動執行力が認められるかどうかの判断基準について考えなさい．

◆設問2　本件の事例で，条約にもとづいて損害賠償請求が認められるかどうかについて考えなさい．なお，強制労働当時の国内法では公権力の違法な行使に対する損害賠償請求を根拠づける法令はなく，むしろ無答責と解釈されていた．

[解　説]

　1）本設問は，ハーグ陸戦条約3条の自動執行力が争点の1つとなった裁判例（たとえば東京高裁平成14年3月27日判決）を参考としたものである．

　2）設問1は，条約に自動執行力があるかどうかの判断基準に関して問うものであるが，条約に国内的効力を認める国においても，すべての条約規定に裁判所による自動執行力があるものとされるわけではない．日本では，条約に国内的効力は認められる（憲法98条2項）．しかし，自動執行力があるかどうかの判断基準はかならずしも明確ではない．主観的基準として自動執行力をもつ規定であるとする条約当事国の意思を要し，かつ，客観的基準として規定の明確さが必要であるといった議論がみられてきたが，多数国間条約では自動執行力に関する当事国の意思が積極的に示されることは考えにくいため，意思を強調することには問題があるとする指摘が有力である．ただ，そうだとしても，条約規定の解釈が問題となることには変わりはないため，当該条約規定が国内裁判所で個人に救済を与えることを想定するものであるかどうかなど，条約規定の趣旨・内容は一定の重要性をもつといえよう（典型的には人権諸条約のように性質上個人の権利を保障し，国内での実効的な救済について規定が置かれている場合）．また，自動執行力が問題となるのは，立法府が何らの措置をとっていないにもかかわらず，裁判所が条約を直接に判断根拠とする場面であることから

第4章　国際法と国内法の関係　　27

すれば，当該規定に明確性があることや，国内的実施の内容や方法の選択に立法的な裁量性がないことが三権分立の見地から重要な意味をもつものといえよう．ただ，規定の明確性の程度については，請求のあり方により変わりうるとする見方が有力に主張されており，それによれば国家の措置を排除するのではなく，条約規定にもとづいて給付を求める場合には個人に権利が付与されていることについて一層の明確さが求められることになる．

　3）本事例では，公権力の違法な行使に対して賠償請求を根拠づける法令（現行法令では国家賠償法）があれば条約規定に違反することを違法性を基礎づけるものとして主張することができよう（違法性判断の解釈基準とする主張もありうる）．しかし，国内法令が存在しないため，条約規定の自動執行力に（いわばより一層）直接に依拠して賠償請求を提起することにならざるをえない．

　そうだとすると，条約違反が立証されるのみでは請求には十分ではない可能性がある．自動執行力に依拠するためには，さらに，条約の趣旨や目的，また，国際人道法の趣旨や性格から個人の救済が導かれること，そして，そのことに一定程度の明確さのあることなどの議論が必要となろう．自動執行力を否定する側からの主張としては，陸戦条約3条に即していえば，「賠償ノ責」は個人に対して負うのではなく（ゆえに個人の権利は規定されていない）締約国間での責任であるとする主張が考えられる．また，そうした主張の文脈において，条約上，国内的な実効的救済に関する規定がないなど，個人に請求権のあることをうかがわせる規定のないことを主張することが考えられる（なお，本設例で参考とした東京高裁判決のように個人の国際法主体性に関する議論に依拠し，この点を論じることも考えられるが，個人の国際法主体性に関する議論は条約規定の自動執行力とは別次元の議論とみるのが適切であろう）．

【参考文献】
　高野雄一『憲法と条約』（東京大学出版会，1960年）
　岩沢雄司『条約の国内適用可能性――いわゆる"self-executing"な条約に関する一考察』（有斐閣，1985年）
　小寺彰『パラダイム国際法――国際法の基本構成』（有斐閣，2004年）
　洪恵子「条約の自動執行性 ヘーグ陸戦条約3条損害賠償請求事件」小寺彰＝森川幸一＝西村弓編『国際法判例百選〔第2版〕』別冊ジュリスト No.204（有斐閣，2011年）［22-23頁］
　青木隆「排他的経済水域の法的性格 サイガ号事件（No.2）」同上『百選』［68-69頁］

第5章 国際法の形成と適用と解釈

論 点

（1）現行国際法の不完全性

条約と慣習国際法を主な法源とする国際法の形成は，**中央集権的な立法機関**によってなされるわけではない．条約のうち**多数国間条約**の数が近年飛躍的に多くなってきているが，当事国となるかはあくまでも各国の意思に依拠する．また，**二国間条約**は，内容がはなはだ多様であり，そもそも法源ではないとする見解もあった．さらには，現在のような変転の激しい国際社会においては**慣習国際法**の迅速な成立は困難である．以上のように，いずれの点をとっても，法形成の観点からすると，現行国際法ははなはだ不完全な法であるといわざるをえない．

（2）国際法における法の欠缺（不存在）

国際法の形成について中央集権的な立法機関がないことから，国際法の分野では，ある事項について当事国間で適用できる国際法が存在しない状態，つまり法の欠缺（不存在）が，国内法に比して，はなはだ深刻な問題となる．法の欠缺がある場合に，「**あるべき法**」の提示をどのような形で行い，そして実現できるかについて明確な具体策を提示するのは容易ではない．

（3）国際法の漸進的発達と法典化──「国際立法」

国連国際法委員会は，国連憲章13条1項に基づき，国際法の漸進的発達と法典化を積極的に推し進めてきた．かつては慣習国際法により規律されていた，多くの部分は，多数国間条約により規定されることになった．こうした現象を「**国際立法**」とみなす考えもある．もっとも，当事国のみを拘束するという，条約そのものの法的性格は基本的には変化していないため，国内の立法とはその基本的性格が異なる．

（4）一方的行為による国際法形成

国家や国際機構の一方的行為による国際法形成については，現行法に違反す

29

る形での場合と，法の欠缺のある分野の場合とが想定される．前者については，「**不法から法は生じない**」という原則が妥当するかが問題となる．後者の場合には，そもそも国家や国際機構の一方的行為のみによって国際法形成が認められるかという根本的問題が存在する．

（5）国際法の適用における「違法性」と「対抗性」

国際法の適用機能を考える時に，国際法主体のある行為が，国際法に準拠していない場合には国際法違反行為とみなされ，**国際責任の問題**が生じるというのが，「違法性」の視点である．これに対して，国際法主体のある国際法違反行為が，対外的に有効とみなされる，言い換えれば，行為の相手方の国際法主体がその行為を明示的に**承認**するか**黙認**すれば，当事者間では国際責任の追及は直接的にはされないというのが，「対抗性」の視点である．

（6）形成途上の国際法・ソフトロー

署名はされたが，**未発効の条約**，あるいは，法的確信をもって，ある一定の実行が繰り返されているがまだ成立するまでに至っていない慣習国際法が，形成途上の国際法の典型例である．前者については，国際法上の**信義誠実の原則**からして，一定の遵守義務があるとされるが，後者についてはそのようなルールは存在しない．**国連総会決議**など，ソフトローと呼ばれることがあるものを法規範として認めるためには，理論的に障壁が多い．

（7）適用法規の競合

国際法は元来国内法におけるような規範の階層性をもっていない．ただし，実際の適用の場面では抵触が起こりえる．その場合には，「**特別法は一般法を破る**」，「**後法は前法を廃す**」，「**一般法の後法は特別法の前法を廃さない**」などの原則が適用される．また，元来国際法規はすべて**任意法規**とみなされてきたが，現在では，**強行規範**の存在が認められている．もっとも，その具体的な内容，抵触の認定手続などは，なお明確にはなっていない．

（8）国際法の適用機関

国際関係において国際法が「適用」される場合としては，国家などの国際法主体が，ある事態について適用すべき現行国際法がどのようなものであるかを確定したうえで適用する場合と，国際裁判所による国際法の適用の場合とがある．これに対して，国内における国際法の適用の場合には，国家がその国内において国際法上の義務を履行する場合と，国内裁判所において国際法が適用される場合がある．

(9) 国際法の適用と解釈の相違

法規範は，多かれ少なかれ抽象的であるということを主な原因として，**適用される法規範の具体化のために，法の解釈が必要となる場合がある**．ただし，解釈の範疇に入る行為なのか，解釈を超える行為であるかの判断は難しいこともある．また，条約が関係国の妥協の産物として作成され，規定そのものが玉虫色の内容の場合には，解釈は本質的に困難な状況に追い込まれる．

事例演習

◆第1問◆

A国の海岸線は，フィヨルドなどの，入り組んだ地形となっている．その沿岸水域は昔から絶好の漁場であり，A国民は長年にわたり漁業に従事してきた．A国は，本土からもっとも離れた島嶼を基点として直線を引き，その線を基線として領海の幅を設定していた．ある日B国の漁船団がその水域に現れ，漁獲を行ったため，A国は，A国領海内で禁止されている外国人漁業であるとみなして，その船舶を拿捕した．

これに対して，B国は，領海の幅を測定するための基線は，海岸の低潮線である通常基線とするのが国際法上の規則であるとし，A国の採用した直線基線はA国による一方的行為であり，国際法上根拠のない基線であると主張した．

◆設問1　A国が一方的に設定した直線基線は国際法上有効であるか．

◆設問2　A国が一方的に設定した直線基線についての争いは，その設定行為が国際法違反であるかどうかが争点であるのか，それとも，B国に対して有効に主張できるかどうかが争点であるのか．漁船拿捕問題は，これらの争点の違いによって，その扱いに違いが生じることになるか．

解　説

1）本設問は，国際司法裁判所の漁業事件（ノルウェー対イギリス．1951年判決）を簡略化した事例である．

2）領海の幅を測定するための基線が国際法上通常基線のみに限定され，それ以外は禁止されているのか，それとも通常基線以外の部分については法の欠

第5章　国際法の形成と適用と解釈　　*31*

缺があるとみなされるのかという点がこの問題を解くために最初に考慮されるべきである．

3）前者の場合であれば，A国の直線基線設定行為は国際法に違反しているということになる．ただし，その場合でも，他国がA国の行為を長年にわたり黙認してきたとみなされたり，あるいは，積極的にA国の行為を承認し，同様の国内措置をとったりする時は，事情が異なることになる．

これらのケースについては2通りの考え方ができる．A国の行為の違法性が，時とともに治癒されていく，言い換えれば，違法ではなくなり，領海の幅を測定する基線として直線基線が新しい国際法の規則が成立するというのが1つのとらえ方である．もっとも，どの程度の期間があれば「治癒」されることになるのかについて明確に定めることははなはだ困難である．

もう1つのとらえ方は，新しい国際法上の規則となるかどうかは別として，A国と，A国の行為を黙認あるいは承認する他国との間にかぎれば，直線基線はお互いに国際法上有効な措置とみなされる，言い換えれば，対抗力をもつとみなされる，というものである．黙認または承認の効果として，当事国間の関係を，「違法性」の視点ではなく「対抗性」の視点からとらえようとする考えである（さらに，個別国家の黙認や承認がなくとも，国際社会の一般的容認があれば，信義誠実などの国際法の一般原則に一致するかぎり，一般的な対抗力があるとする見解もある．ただし，こうしたとらえ方には異論も多い）．

4）次に，法の欠缺があるとみなされるという後者の場合には，A国の行為は，ただちに違法行為とはみなされないことになる．そこで問題は，他国がこの行為をどのようにみなすかということになる．他国がA国の行為を長年にわたり黙認してきたとみなされたり，あるいは，積極的にA国の行為を承認し，同様の国内措置をとったりする時には，A国の行為はそうした国家に対して，国際法上有効な措置として主張できる（対抗力がある）ことになる．こうした状況が国際社会において一般的になれば，直線基線が国際法上の規則として認められるということになる（慣習国際法の成立）．

国家の一方的行為について対抗性が争われる場合には，違法性の問題が直接的に追求されるのではなく，したがってまた，国家責任の追及は直接的には問題とされない．漁船拿捕にともなう損害賠償の問題は，対抗性の問題とは別個の問題と位置づけられるのであり，別途の解決がA国とB国の間で協議されることになる．

これに対して，直線基線設定行為が国際法に違反しているかどうかが直接争われる場合には，漁船拿捕の損害賠償の問題もまた，同時に議論されることになる．

◆第2問◆

A国が行っている，みなみまぐろ調査漁獲をめぐって，B国は，国連海洋法条約（1982年採択，1994年11月16日発効．A国は1996年，B国は1994年批准）に規定される高度回遊性魚種の保存のための協力義務にA国が違反しているとして，国連海洋法条約付属書Ⅶの強制仲裁手続へ付託し，仲裁裁判所が発足した．

A国は，A，Bを含む3ヵ国間のみなみまぐろ保存条約（1993年採択，1994年5月20日発効．A，B国ともに1993年批准）に規定する仲裁裁判所が本件については管轄権を持つと主張した．当該条約は，国連海洋法条約と比較すると特別法であることから，「特別法は一般法を破る」の原則が適用されるべきであるとの主張である．

◆**設問** 本件の場合，国連海洋法条約上の仲裁裁判所とみなみまぐろ保存条約上の仲裁裁判所のどちらが管轄権を持つとするのが妥当か．

解　説

1) 本設問は，2000年に国連海洋法条約上の仲裁裁判所の判決が出された，日本対オーストラリア・ニュージーランド間のみなみまぐろ事件を簡略化し，一部変更した事例である．

2) どちらの仲裁裁判所が管轄権を持つかという問題は，みなみまぐろ保存条約と国連海洋法条約の優劣関係に依拠している．これについては，「特別法は一般法を破る」という原則によれば，みなみまぐろ保存条約が優先されることになる．特別法と一般法は，条約と慣習国際法との関係だけではなく，条約相互間においても，特別の定めのないかぎり，相対的に当事国数の少ない条約のほうが優先することになる（たとえば，国連海洋法条約311条3項参照）．

ところが，「後法は前法を廃す」という原則から考えると，前の条約の当事国がすべて後の条約の当事国となっている場合には，それらの当事国の間では，前の条約は，後の条約と両立する限度においてのみ適用されるということになる（条約法条約30条3項）．

本件の場合の問題点は，両条約のどちらが前法，後法であるかである．条約の採択時期であるとすれば，前法は国連海洋法条約であるが，条約の発効時期であるとすると，みなみまぐろ保存条約となる．前後の基準が採択時期なのか，それとも発効時期なのかについては，国際法上明確な規則が存在しない．

　では，「特別法は一般法を破る」の原則と「後法は前法を廃す」の原則の優劣関係はどのようになるのであろうか．これについては，「一般法の後法は特別法の前法を廃さない」といわれることがある．前後に関係なく，特別法が優先するという考え方である．これによれば，特別法である，みなみまぐろ保存条約のほうが優先することになる．

　3）このように，みなみまぐろ保存条約の方が優先するととらえると，国連海洋法条約上の仲裁裁判所で判決が出された時には，それはどのような効果を持つことになるのであろうか．みなみまぐろ保存条約上の仲裁裁判所が管轄権を持つべきものであるとすれば，国連海洋法条約上の仲裁裁判所には管轄権がないのであり，したがって，仮に判決が下されれば，その判決は無効であるとみなされることになる．

　4）実際の事件においては，国連海洋法条約上の仲裁裁判所は，特別法と一般法の関係については，条約の並行適用は国際法に通常の現象であるとみなしたうえで，国連海洋法条約に定める手続的条件（281条）に合致していないことから，当仲裁裁判所には管轄権がないと判断した．また，国際海洋法裁判所による暫定措置命令は取り消されると判示した．本判決は，特別法優位の原則のみによっては説明できない事態があることを示唆しており，この点は評価の分かれるところである．

【参考文献】

五十嵐清『私法入門〔改訂3版〕』（有斐閣，2007年）〔特に第6章〕

杉原高嶺「みなみまぐろ仲裁裁判事件の先決的抗弁 —— 書面手続における主張の分析」国際法外交雑誌100巻3号（2001年）

寺沢一『法と力 —— 国際平和の模索』（東信堂，2005年）

朴培根「国際法規則の不存在と国際法上の合法性の判断」法政研究63巻2号（1996年）

村瀬信也『国際立法 —— 国際法の法源論』（東信堂，2002年）

山本草二「一方的国内措置の国際法形成機能」上智法学論集33巻2=3号（1991年）

第6章 国際法の主体(1)
——国　家——

論　点

（1）「国家」のあり方の変遷
　国際法の主体である「国家」は，その具体的なあり方については，歴史的に変化してきた．近代初期には，国家とは**君主**という具体的な人格であった．その後，抽象的な人格としての「**主権国家**」ととらえられることになった．19世紀には，「**文明国**」という要素が新たに加わった．しかし，その後，特に第2次世界大戦以後は，さまざまな発展段階の国々からなる「**多文化世界**」を構成する主権国家が，国際法上の国家とみなされるようになっている．

（2）生得的な国際法主体と派生的な国際法主体の区別
　国際法の形成・適用・解釈にあたる直接の担い手であると同時に，**国際法上の権利義務の直接の帰属者**であるものを，生得的・根源的な国際法主体と呼ぶ．国家のみがこれに該当する．これに対して，あくまでも国家の意思に基づいて国際法上の権利義務を一定の範囲で取得する国際組織や個人は，派生的な国際法主体と呼ばれる．国際法の主体のあり方について大きな影響を与えたのは，戦間期における**個人の国際法主体性論争**であった．

（3）国際法上の国家の資格要件
　1933年の**モンテヴィデオ条約**1条によれば，**明確な領域**，**永久的住民**，**政府**，そして**他国と関係を取り結ぶ能力（外交能力）**の4つが国家の資格要件とされる．この他に，自決権の原則に合致する形で国家が成立したことなどの，「**正統性**」という要件が必要であるとする考え方も主張されている．

（4）国家承認の効果と要件
　国家承認の効果については，**創設的効果説**と**宣言的効果説**が主張されてきた．前者によれば，新国家は，いかに国家の資格要件を備えていたとしても，国家承認が行われてはじめて国際法上の国家とみなされる．これに対して，宣言的効果説によれば，新国家は，国家の資格要件を備えたときに，ただちに国

際法の主体となるのであり，国家承認はそうした事実を確認し，宣言するという効果をもつにすぎない．いずれの説にも難点があるが，現在では，国家慣行上も国際法理論上も，宣言的効果説が一般的である．また，新国家が国家承認を受けるためには，国家の資格要件を満たしていることのほかに，新国家の成立が国際法上適法な方法で行われていなければならないという主張がなされることもある．

（5）承認の方式

国家承認も政府承認も，その方式としては，**明示的承認**と**黙示的承認**の区別，**法律上の承認**と**事実上の承認**の区別がある．もっとも，後者の区別は曖昧であることから，とりわけ，事実上の承認の性質が不明確なことから，この区別を否定する考え方も存在する．承認はあくまでも既存国家の一方的行為であり，承認義務は存在しない．そのためもあり，**未承認国家**（未承認政府）の，一般国際法上の権利義務をどこまで認めるかについては，国際法上確立したルールは存在しない．

（6）政府承認の意義と要件

「**政府の形態が変更しても国家は変更しない**」（国家同一性の原則）ということから，憲法の規定に違反する形での政府の交替の場合にのみ，政府承認が必要とされる．そうした政府交替は，その国家の国内法には違反するが，国際法には違反していないために，国家そのものは存続しているとみなされるからである．政府承認の要件としては，**実効的支配の原則**が挙げられる．政府承認の行為がはなはだ政治的な性格を帯びていることから，政府承認制度を廃止している国家もある（英米など）．

（7）国家承継と政府承継の相違

既存の国家が分離独立，分裂などにより，その国家（**先行国**）の国際法上の権利義務や法制度や国家財産・債務などがどのような形で**承継国**に引き継がれるかという問題が国家承継である．これに対して，単に政府の交替が行われた場合に，前政府の権利義務をどのように継承するかという問題が，政府承継である．前政府が国家領域の一部において実効的支配を継続する場合には，**政府の不完全承継**の問題となる．

（8）包括的承継説とクリーン・スレート原則の相違点

先行国の条約はすべて承継国に承継されるという包括的承継説と，先行国の条約を承継するかは承継国の意思によるとする「クリーン・スレート（きれい

な経歴) 原則」という2つの原則の根本的な対立が存在した．1978年の**条約国家承継条約**は，**新独立国**について後者の適用を認めたが，これを一般国際法上の原則とみなすのは困難である．

事例演習

第1問

　A国は第2次世界大戦における敗戦の結果，勝利した諸国家による占領管理の下に置かれた．その後，領域が二分され，そこにそれぞれ政治体制のまったく異なる2つの国家，B国とC国が成立した．B国とC国はそれぞれの支配する地域において，完全に実効的な支配をしている．B国もC国も，明確な領域，永久的住民，政府，それに外交能力の4つの要件を満たした「国家」とみなされる．

　こうした状況で，B国は，A国は戦後も法的には存続したのであり，自国のみがA国を正統に継承した国家であり，現在はC国が支配する地域も本来B国に帰属すべきものであるとの主張を行った．そして，B国と外交関係をもつ第三国がC国に対して国家承認を行った場合には，B国の国内問題に対する干渉であり，こうした第三国との外交関係は断絶するとの声明を発表した．

◆設問　B国のみを国家承認すべきであり，C国は国家承認すべきではないというB国の主張は，国際法上許容されるか．

解説

　1) 本設問は，1955年にドイツ連邦共和国（旧西ドイツ）が発表したハルシュタイン原則を基に作成した事例である．

　2) 国家承認は，基本的に，既存の国家による一方的行為である．国家の資格要件を満たしていれば，国家承認を行うことができると一般にみなされている．国家の資格要件を満たしていない段階での承認は「尚早の承認」とされ，国際法違反行為とみなされる．

　本件の場合，B国もC国も国家の4つの資格要件を満たしていることからすれば，第三国が国家承認を行うことは，国際法に違反する行為とはみなされない．

3）問題は，A国を正統に継承しているかどうかという基準が，国家承認の要件として認められるかという点である．

　国家の分裂の場合には，先行国の権利義務がどの承継国に承継されるかということが問題となる（「国家承継」．次の第2問をも参照）．また，その際に，正統政府を継承しているかどうかが主張されると，国家は相互に相手国の存在を否定することにつながる．旧東西ドイツや南北朝鮮が典型的な事例である．

　4）本件の場合，まず問題とすべきなのは，A国が戦後も法的に存続したとみなすことができるかという点である．消滅したとすれば，B国の主張はまったく妥当しないことになる．

　存続したとみなされる場合には，どのようになるであろうか．実効的支配の確立した範囲にかぎり，国家承認の効果は及ぶ，というのが国家承認の本質であるととらえれば，B国の主張は妥当なものとはいえないことになる．

　これに対して，国家承認の要件として，国家の資格要件だけではなく，国家の成立そのものが国際法上適法な方法で行われていなければならないという主張がなされることがある．国家がどのような形で成立したか，とりわけ武力不行使原則に違反していないかという点を問題とするものである（「非承認主義」と呼ばれることがある）．あるいは，法の支配や民主主義，人権の保護などの条件を満たさなければ国家承認できないという考えが主張されることもある（1991年のヨーロッパ共同体の宣言参照）．

　こうした考えによれば，B国の主張は正当化できるであろうか．この点は，事実関係の評価と密接に関連することになる．すなわち，戦後の占領管理がどのようなものであり，どのような形で終了したのか，B国とC国の成立がどのような根拠により行われたと占領国はみなしていたのか，などという点である．事実関係によっては，B国の主張が国際法上認められる余地は残されていると言えよう．

　5）実際の事例では，旧西ドイツ（B国）は，このハルシュタイン原則を当初厳格に適用し，1957年旧東ドイツを国家承認した旧ユーゴスラヴィアに対して国交断絶の措置を取った．これに対して，旧東ドイツ（C国）や旧ソ連などは，ドイツ帝国（A国）は敗戦とともに消滅したという主張を繰り返した．結局，旧西ドイツは，1969年に至って，ハルシュタイン原則を放棄し，2つのドイツの存在を認める発言を当時のブラント首相が行った．

第 2 問

A国は，1958年，B国の植民地からの独立を宣言した．その後，1961年になって，第2次世界大戦中にC国軍隊によって処刑された多数の中国系住民の遺骨が発見された．1942年当時に，C国軍隊により殺害された住民は数万人にのぼるともいわれる．

A国はそこで，この件について，1963年になって，C国への賠償請求を提起した．これに対して，C国は以下のように主張した．C国とB国との間には，1952年に平和条約が締結されており，その中で賠償請求権はすべて放棄されている．そして，この条約は，B国から分離独立したA国に承継されている．

◆設問　A国は，クリーン・スレート原則を援用して，平和条約は承継されていないと主張できるか．

解　説

1）本設問は，いわゆる「シンガポール血債問題」を基に，一部事実を簡略化して，作成した事例である．

2）条約がどのような場合に新国家に承継されるか，あるいは広く国家領域の移転がある場合に先行国の国際法上の権利義務や法制度や財産などが承継国にどこまで承継されるかという問題（国家承継）については，国際法上のルールはかならずしも明確ではない．従来，国家承継については2つの基本的な立場の対立がみられてきた．1つは，国家の法秩序・法制度は国家領域と不可分であり，すべて承継国に承継されるという包括的承継説である．もう1つは，国家の法秩序・法制度について承継するかどうかについては，承継国は白紙の状態で臨むとする考え，「クリーン・スレート原則」である．承継するかどうかはあくまでも承継国の意思によるとする．

1978年の条約国家承継条約は，新独立国の場合に限って，原則としてクリーン・スレート原則を認めた（16条）．国家の結合・分離の場合には，「継続性の原則」が妥当し，先行国の条約が基本的に承継される（31条，34条1項）．

3）A国の独立は，新独立国に該当するのであろうか，それとも，B国からの分離ということになるのであろうか．条約国家承継条約の規定からすれば（2条1項(f)），新独立国とは，「先行国がその国際関係上の責任を負う従属地域であったもの」，つまり植民地のことを指している．したがって，A国のケー

スは，新独立国であり，クリーン・スレート原則を主張できる．A国は当然には平和条約を承継したものとはみなされないことになる．

もっとも，この条約は 1978 年に採択されたものである．仮にA国やB国やC国が本条約の締約国であったとしても，本条約が 1963 年の時点に遡及できるかという問題がある．また，クリーン・スレート原則を規定した 16 条が，国際慣習法上のルールになっているとみなすことは困難である．

以上の点からすれば，A国がクリーン・スレート原則を主張し，平和条約は承継されていないと主張することが，国際法上のルールにかなっているかどうかについては，確定的な判断を下すことは難しいといわざるをえない．

4）実際の事例においては，シンガポール（A国）と日本（C国）の両国は，「シンガポールにおける不幸な事件に関する問題の早期のかつ完全な解決が日本国とシンガポール共和国との間の友好関係の増進に建設的に寄与することを認めて」，日本の生産物と日本人の役務の無償供与，および，特別の条件による借款を供与することで合意した（1967 年の日本・シンガポール協定）．

これは，条約の承継がなされていないということを認めたうえで，シンガポールの賠償請求権に応じて問題解決を図ったということではない．日本側は，あくまでも条約は承継されており，シンガポールの法律上の賠償請求権には応じられないという立場を堅持した．両国間の友好関係を重視して，問題の完全かつ最終的な解決をはかったものである（なお，B国は英国である）．

【参考文献】
王志安『国際法における承認』（東信堂，1999 年）
国際法事例研究会『国家承認』（日本国際問題研究所，1983 年）
国際法事例研究会『国交再開・政府承認』（慶應通信，1988 年）
田畑茂二郎『国際法における承認の理論』（日本評論社，1955 年）
福田歓一「思想史の中の国家」日本學士院紀要 51 巻 2 号（1997 年）
森川俊孝「国家の継続性と国家承継」横浜国際経済法学 4 巻 2 号（1996 年）

第7章　国際法の主体(2)
── 準国家団体・国際組織・個人・その他 ──

論点

(1) 準国家団体

伝統的国際法ではその主体となるのは国家だけであると考えられてきた．しかし，実際には，国家以外にも，国家に準じた権能を行使する団体はあった．内戦における**交戦団体**がそれである．さらに，外国の占領を逃れて第三国に本拠を置く**亡命政府**，植民地支配に武力をもって抵抗する**民族解放団体**等もある．国際法は，これらの団体に対し，その目的と必要に応じて一定の権利義務を設定し，国際法主体としての地位を認めてきた．特に民族解放団体には，国連におけるオブザーバー資格や武力紛争法の適用が認められた．

(2) 国際組織の法人格（国際法主体性）と権限

国際組織は，19世紀に国際関係が急速に緊密化する中で誕生した．20世紀には，安全保障を含む広範な活動分野をもつ，国際連盟や国際連合が創設され，国際関係において重要な役割を担うようになった．こうした国際組織は，**条約締結権**や**特権免除**などが付与され，また，その国際違法行為に関し**国際責任**を負うものとされた．これにより国際組織は，国家により創設された**派生的な国際法主体**との見方が確立していった．

しかし，国際組織に関し確立した実定法上の定義はない．さまざまな学説にほぼ共通する要素として，設立条約などの「**国家間の合意**」を基礎とすること，「**共通目的**」を達成するための「**機能的団体**」であること，総会・理事会・事務局等の「**固有の常設的機関**」を有すること，「**国家の集合体（結合体）**」であることが挙げられる．これらの要素を備えた国際組織は，加盟国の意思とは区別される「**固有の意思決定能力**」をもつことになる．

国際組織の法人格（法主体性）の根拠に関しては，国際組織の創設者の意思に求める**主観説**と組織構造に求める**客観説**の対立がある．国際組織の発展的性格を考えると，創設者の意思を根拠とする主観説には難点がある．他方，法

人格に関し客観的基準がかならずしも存在するとはいえない現状では客観説にも問題が残されている．

国際組織の権限に関しては，その基本文書によって決定されることに異論はない．この点に関し，国際司法裁判所は，基本文書で明示的に規定された権限のみならず，「**必要な推論**（necessary implication）」により，その任務遂行に不可欠とみなされる権限も行使できるとの見解（**黙示的権限**〔implied power〕**論**）を示してきた（1949 年国連損害賠償事件）．しかし，これに対しては，国際組織の合理的な目的・任務の範囲を超えて濫用を招く懸念もある．国際組織は加盟国の意思に基づいて特定の任務につき国際法上の権利能力を取得する，派生的な主体である点に留意する必要がある．

（3）個人の国際法主体性

伝統的国際法は個人の国際法主体性を否定してきた．しかし，現在では，個人が自己の名で国際法に基づく請求を提起することも珍しくなく，また，国際法違反の犯罪について責任を追及されるようにもなっている．ただし，いかなる場合に個人に国際法主体性が与えられたと考えるべきかについては，まだ見解の一致をみていない．

法は個人の行為を規律する規範であると考える立場からすれば，国際法の場合にも個人は当然にその主体とみなされる．しかし，この立場は一般には支持されておらず，これまでは個人の請求権を認める国際的手続きの存在を基準とする立場（**国際的手続説**）が有力であった．また，それだけでなく，国際法が国内裁判所での執行を想定して個人に権利を付与している場合にも主体性を認めるべきとの見解もある．また，最近では，手続の有無によらず，国際法の規定の趣旨が国家の自由な処分に委ねられない権利を個人に付与するものであれば，個人に主体性を認めるべきとの主張（**実体法基準説**）が支持を集めている．

他方，現在では，国際法の規則が個人に対して直接義務を課すようになっている．戦争犯罪，人道に対する犯罪，集団殺害罪等，武力紛争法や国際刑事法の分野において確立した規則がそれにあたる．こうした規則はすべての個人に対し義務を課し，その義務に違反した個人は，国内法を介さずにその責任を追及される．1990 年代以降，国連安全保障理事会により設置された，旧ユーゴスラビアやルワンダに関する国際裁判所や，1998 年の設立条約により設置された**国際刑事裁判所**がその任務を担っている．

42

（4）非政府組織（NGO）の地位

このほかに注目されるのは，国際組織とも緊密な協力関係をもつ**非政府組織（NGO）**であり，その国際法主体性が議論されるまでになっている．確かに，NGOの中には，条約交渉に際し，オブザーバーとして意見を述べる資格をもち，また，条約の履行監視の役割を担うことにより，国際法の形成に関し影響力を行使するものがある．しかし，NGOの組織や活動の実態は極めて多様で，一律にその国際法主体性を論ずるのは困難である．

事例演習

◆第1問◆

地域的な市場統合を目指す国際組織であったA共同体の加盟国（10ヵ国）は，さらに地域の統合を進めるために広範な権限を有するA連合の設立条約に合意した．このA連合は，理事会・委員会・議会・裁判所といった機関を備え，固有の意思決定を行う仕組みを備えている．しかし，加盟国は，このA連合が国際法の主体として行動することに懸念を示し，設立条約の締結に際しA連合には法人格を付与しないとの了解に立っていた．

このA連合は，当該地域の平和と安全の維持をその目的の1つに掲げ，加盟国の安全保障を害する事態が生じた場合には加盟国の防衛のため共同行動をとることを定めていた．A連合の発足後間もなく，当該地域に隣接するB国（A連合の非加盟国）内で大規模な内戦が生じ，A連合加盟国の市民の生活や財産に対して大きな影響が及ぶ恐れが生じた．このため，A連合はB国に治安維持部隊を派遣することを全会一致で決定し，内戦下のB国政府との間で派遣に関する協定を締結することとなった．

◆**設問** A連合は，国際法上の法人格を有するといえるか．また，A連合は，治安維持部隊を派遣する権限を有するといえるか．

解 説

1）本設問は，欧州連合(EU)の法人格をめぐる議論を参考にした架空の事例問題である．

2）国際組織の法人格については，当初は創設者の意図に求める主観説が有

力であったが，現在では国際組織の組織構造により判断する客観説が次第に支持を集めている．本問のA連合は，組織構造からみれば明らかに法人格を有するタイプの国際組織である．しかし，加盟国が法人格を付与する意図をもっていなかった点をやはり無視することはできず，このA連合の設立時点でこれが法人格を有していたとみることはできないであろう．

　3）しかし，その後，A連合はB国政府と協定を締結している．これは，締結の事情からみて，国連が平和維持活動を行う際に締結する協定と同様のものと考えられ，国際的な条約とみることができる．このように条約の締結を行ったという事実は，A連合の国際法上の法人格を前提とするものであり，加盟国はA連合が法人格をもつとの立場にあらためたとみるべきであろう．したがって，少なくとも当該協定の締結時点でA連合は国際法上の法人格を有していたと考えることができる．

　4）他方，そもそもA連合は，設立条約に照らしてこのような協定を締結することができるのかという問題がある．設立条約は，加盟国の防衛のための共同行動を定めており，域外への部隊の派遣を予定していなかったと考えられるからである．国際組織は基本文書で明示に規定された権限のみを行使できるという考え方（授与権限論）をとれば，当該協定は権限を逸脱して締結されたことになる．

　5）これに対し，国際組織はその任務の遂行に不可欠な権限を付与されているとみる黙示的権限論の立場がある．これによれば，当該地域の平和と安全の維持という目的に照らして，域外での行動が不可欠と判断されれば，そのための協定締結は権限の逸脱にはあたらないと考えられる．国際司法裁判所は，国連経費事件（1962年）の勧告的意見で，国連が「明白に規定された目的を達成するために適切な行動をとることを決めた場合，かかる行動は権限踰越ではないと推定される」との見解を示している．A連合の場合，当該地域の平和と安全の維持を目的の1つとしており，それには隣接地域の紛争拡大の防止も含まれると考えれば，域外派遣を権限に含めるのは妥当であろう．

　6）たとえば，北大西洋条約機構（NATO）は，基本的には加盟国の共同防衛のため個別的または集団的自衛の行動をとることを約束した国際組織であり，その設立条約には域外での行動について定めた規定はない．しかし，1999年にNATOが採択した「新戦略概念」では，NATO域外での配備を含めた適切な軍事プレゼンスを維持することも任務とする旨を明らかにしている．国際組

織が国際情勢に応じてその活動を発展させてきている点を考えれば，設立条約の明示の規定の範囲内でしか，その権限を行使できないとの立場をとることは困難であろう．

◆第2問◆

　Xは，A国民であるが，B国に滞在中に大量の麻薬所持の容疑で逮捕された．その後，B国の裁判所で訴追され死刑判決が確定し，その執行を待つ段階となった．

　この事態を憂慮したA国の人権保護団体（NGO）は，死刑の執行停止を求めるようA国政府に働きかけた．その際に，領事との通信・面接を定める「領事関係に関するウィーン条約」（以下，領事関係条約）36条をその根拠とした．すなわち，Xはこの規定に基づき，有する自国の領事官と通信・面接する権利について，B国当局から通告を受けておらず，したがって，B国の刑事手続はこの条約に違反して行われたもので無効であるとの主張である．

　A国政府がこの主張に基づき，B国に執行停止の申入れを行ったところ，B国は，通信・面接に関する通告を行っていなかった事実は認めたが，それは死刑の執行を妨げるものではないと述べ，死刑を執行する意向をA国に伝えた．このため，A国は，領事関係条約の「紛争の解決に関する選択議定書」に基づいて国際司法裁判所にこの紛争を付託した．

　この訴訟で，B国側は，本来的に国際法は国家間に妥当する法体系であり，個人は国際法の主体たりえず，また，領事関係条約も国家間の権利義務を定めるものにすぎないとして，Xの権利侵害に関する訴えは根拠がないと主張した．

◆設問　上記のB国の主張の当否について論じなさい．

┌─解　説─┐

　1）本設問は，国際司法裁判所（ICJ）のラグラン事件（2001年）やアヴェーナ事件（2004年）を参考にして，個人の国際法主体性を論点として作成した問題である．

　2）日本の裁判所でも，個人が国際法に基づく請求を行った過去の裁判で，本問のB国の主張のように，そもそも個人は国際法の主体たりえないとの主張がしばしば議論された．しかしながら，「国際法が従来主として国家間の関係

を規律していたというところから，当然に個人が国際法上の権利主体とならないという結論は出てこない」(原爆判決・東京地裁昭和38年12月7日判決) という理解が正しい．つまり，国際法の本質から「それによって当然に国際法上の権利主体が国家に限定されるという結論は出て来るものではない」(同上) ということであり，個人は国際法の主体たりえないとの前提にたつB国の前段の主張は妥当ではない．

　3）個人の国際法主体性に関しては，学説は大きく国際的手続説と実体法基準説にわかれる．本問の領事関係条約は，「外交関係に関するウィーン条約」と同様に，国家機関の任務の能率的な遂行の確保を目的とし (前文)，国家間において領事事務の取扱いの調整をはかるものであり，この条約の議定書が定める紛争解決手続の当事者は当然に国家にかぎられ，個人の請求権を処理する手続は存在しない．したがって，国際的手続説に立てば，領事関係条約は個人の国際法主体性を認める条約ではないと評価される．この点に関し，上記の原爆判決も，「ある者に権利主体又は法主体性が認められる」ためには「やはり国際法上自己の名において権利を主張しうるとともに，義務を負わされる可能性がなければならない，と解すべきであろう」と論じている．

　4）他方，領事関係条約の条文に目を向けると，36条1項(b)では領事官との通信・面接が個人の「権利」として規定されている．これを文字通り解すれば，この条約はこのかぎりで個人の権利主体性を認めているとみることができる．ただし，上記の通り，この条約の趣旨・目的を勘案した場合，この規定が，実体法基準説がいうように，国家の自由に委ねられない権利を個人に付与したものといえるかには大いに疑義が残る．したがって，B国の後段の主張がまったく根拠を欠くものということはできない．

　5）ICJの上記の2つの事件で，裁判所は，文言解釈から領事関係条約36条は個人の権利を設定したものと認める判断を示した．しかし，こうした条約の解釈方法に対しては少なからぬ批判もみられた．「条約法に関するウィーン条約」では，条約の文脈や趣旨・目的に照らして与えられる用語の通常の意味が「あいまい又は不明確である場合」には，「解釈の補足的な手段，特に条約の準備作業及び条約の締結の際の事情に依拠することできる」と規定するが (32条)，裁判所はこの点に関する検討を尽くしていないという理由からである．この問題は，本問で求められる解答の範囲を越えるが，条約の規定が個人に権利を付与したものか否かをめぐって見解の対立が生ずることを示す事例と

なっている．

　6）なお，本問では，麻薬所持に関し死刑判決が下されているが，これは「市民的及び政治的権利に関する国際規約」（以下，自由権規約）に反する疑いがある．自由権規約6条2項は，死刑は「最も重大な犯罪についてのみ科することができる」と定めており，自由権規約委員会は，この最も重大な犯罪を生命・身体に対する加害行為の場合にかぎられると解している．本問で，自由権規約に基づく訴えが提起されたとすれば，個人の権利という点ではより有力な根拠になったと考えられる．

【参考文献】
植木俊哉「国際組織の概念と『国際法人格』」柳原正治編『国際社会の組織化と法』内田久司先生古稀記念論文集（信山社，1996年）
加藤信行「国際法と個人」国際法学会編『日本と国際法の100年 第5巻 個人と家族』（三省堂，2001年）
北村泰三「国際人権法と領事関係条約の耕作について」法学新報109巻5=6号（2003年）
佐藤哲夫『国際組織法』（有斐閣，2005年）
中村道『国際機構法の研究』（東信堂，2009年）
西村弓「国際法における個人の利益保護の多様化と外交的保護」上智法学論集49巻3=4号（2006年）

第8章　国家の基本的権利義務

論点

(1) 国家の基本権
主権・独立権・自衛権・自己保存権などは，**国家の基本権**とされる．①国際法の価値や支柱を具現する権利である，②国家が生まれながらにしてもつ権利であり，国際法との関係が問題になる，③特に証明を必要とせず慣習国際法上で確立している権利である，などが，基本的権利といわれる理由である．相互に内容が重複することに鑑みると，国家の基本権は主権と自衛権で表すことができる．

(2) 国家主権と国際法の関係
自然法思想では，国家も個人と同じく自然法に服し，主権国家が国際法に服することも前提とされた．法実証主義のもとで**主権の絶対性**が強調されると，主権国家は国際法に服さないという見解も現れた．条約締結にみるように，主権国家が，自らの意思により国際法に服することはある．主権と国際法の関係については，国際法に禁止されないかぎり，主権国家は行為の自由をもつという考え方と，主権が国際法に授権された権利であり，授権された限りで主権国家の行為が合法となるという考えがある．

(3) 主権の主張のあり方
主権は，具体的な機能を指す概念である**管轄権**にとってかわられることが多い．もっとも，国家は，国際法の禁止が確立していない行為を主権により正当化することがあり，たとえば最近では，核実験を主権国家としての権利行使と主張した例がある．主権から派生した権利としては，たとえば，**天然の富と資源に対する恒久主権**，国際環境保護ための国際規律に対抗する**開発主権**，海洋法の分野での，大陸棚や排他的経済水域の沿岸国が特定の事項に対して持つ**主権的権利**がある．

（4）国家平等の様々な考え方

国際組織の投票で一国一票であれば，**形式的平等**である．国連安全保障理事会の常任理事国がもつ拒否権という加重された投票権は，五大国が国際の平和と安全の維持や回復に果たす機能の大きさを考慮したもので，**機能的・実質的平等**を反映する．「共通だが差異のある責任」の趣旨にもみるように，より大きく加害行為に寄与したり，より大きく目的実現のために貢献できる国がより大きな負担をすべきであるという考え方があり，**衡平な平等**ともいえる観念である．

（5）国内管轄事項とその判断基準

国内管轄事項に他国が強制的に介入すると**不干渉義務**違反になる．国内管轄事項は主権国家が裁量により決定できる事項で，従来，国家の政治制度・安全保障・国籍付与条件・関税・移民政策などがそれとされてきた．国内管轄事項の判断基準に関する考え方を古い順でみると，重大で決定的な事項，国際法による規律が及んでいない事項（reserved domain theory），国際法が規定する国内管轄事項という考え方がある．国際人権保障・国際環境保護・国際経済法などの分野で，国内事象に国際規律が一層およんできていることに対応して，国際法が国内管轄事項を明確化することもある．たとえば，慣習法化したとされる友好関係原則宣言のⅠ原則によれば，国家の人格性，政治体制や経済体制，文化，公権力の組織などは，国家が単独で自由に決定する国内管轄事項である．

（6）干渉行為

強制的介入が**干渉行為**であるが，国連憲章2条4項が武力行使および武力を用いた威嚇を禁止したため，それ以外の干渉行為には，たとえば次がある．軍艦を派遣して他国の領海内の機雷を探査・除去する，自国領域内で他国の反政府武装集団や国際テロリスト集団を組織する，それらの組織に支援や財政・軍備その他の援助を与えるなどである．外国の核実験により自国領域に放射性物質が降下・堆積すること，領域外から発せられた放送や通信を領域内で受信できること，衛星を用いた他国の領域に関する情報の入手や開示などは，領域国の合意がなく決定権を侵すため干渉行為にあたると主張される．

（7）人道的干渉

人道的干渉とは，領域国が実効的支配をおよぼしきれない状況で，武力闘争の鎮圧・人民への被害の阻止や回復，民族対立の中で遂行される大量虐殺へ

の対処などを行えない時に，他国や国際組織が領域主権国の合意なくして介入できるかという問題である．最近では，**保護責任**（responsibility to protect）として議論されることが多い．人権保護の観点からは，人道的干渉や保護責任は実施されるべきだが，武力を伴うこともありうるし，濫用の危険に鑑みると，国際組織の決議を経るべきだとの見解もある．

事例演習

第1問

　C国やD国は，A国がB国と結びついて強大化して，かつてのように戦争を引き起こすことを恐れていた．ゆえに，C国とD国は，B国との間で，B国の独立は譲渡しないことを義務づける条約甲を締結していた．

　A国とB国では，同一の民族Xがそれぞれの国において多数民族を形成している．民族Xの流出・流入について，両国は，同一の政策をとることにした．その趣旨で，両国は，民族Xに関する移民政策を同一のものとする条約乙を締結した．

　C国とD国は，A国とB国が共通の多数民族であるXについて，移民政策を同一のものとする条約乙を締結したことは，B国の独立は譲渡しないという義務を規定する条約甲に違反すると主張した．民族Xの合同によりA国とB国が結びつくことを恐れたからでる．

◆**設問**　国家の主権や独立権といった基本権の観点から，C国やD国の主張についてどのように考えるか論じなさい．

解　説

　1）本設問は，ドイツ・オーストリア関税同盟事件を素材とした設問である．

　2）国家主権は，対外的には，国家間関係において相互に独立で対等であることを意味する．また，独立であるとは，国家の統治機能や外交権能が，他国に委譲されたり他国のそれに服したりしないことを意味する．

　3）移民政策は国家の国内管轄事項と考えられ，主権国家が裁量により決定する事項といえる．民族Xの移民政策について，B国がA国との合意により同一の移民政策を実施することは，そのかぎりで，B国の移民政策に関する主権

50

裁量が制限され，A国との条約乙に拘束されることになる．

けれども，B国の移民政策は，A国の一方的な意思に服するわけではない．A国との合意により条約乙が締結されているのであり，B国は，自らの意思で，移民政策について，A国と同一の政策をとることを条約乙の義務として受諾している．B国は自らの意思で，自国の主権的決定事項について，条約乙による制限に合意してこれを受け入れているのである．主権国家が自由意思で決定できる事項について，自らの意思により制限を受け入れることは，当然には主権や独立権の譲渡とはいえない．そうでなければ，国際法により主権国家に制限が課せられることは，ただちに，主権概念や独立概念を否定するという結論にもなりかねない．主権国家が自らの意思で，主権や独立権に制限を受け入れることは，条約締結により国際法の制限を受け入れることとして認められるのである．

4）残る問題は，どのような制限を受け入れれば，主権や独立権を失うことになるかということである．オーストリア関税同盟事件では，多数意見は，独立の譲渡とは，主権的意思が他国の意思に従属するか，その意思にとってかわられることで独立の喪失ないしは変更を生ずるオーストリアのすべての任意の行為をいうとした．この抽象的な見解にしたがえば，自らの合意により条約上の制限を受けることも，他国の意思にとってかわられることを意味するのであれば，主権国家は，条約により主権的決定事項につき，自らの合意により制限を受け入れれば，独立国ではなくなるとも解される．これに対して，7人の裁判官が反対意見を著したが，それによれば，自国の領域で主権を行使できなくなるならば，その国は独立ではなくなるとした．けれども，主権国家が自ら合意して引き受ける行為の自由の制限は，その組織的権能を奪われるものではないかぎり，独立に影響を与えるものではないとした．反対意見のように解することによってこそ，主権的自由に対する国際法の制限と，主権や独立権の維持とを整合的にとらえることができると考えられる．

◆**第2問**◆

A国の領海は海上交通の要路であるが，領海内に，何者かによって機雷が敷設されていた．A国の領海を航行したB国の軍艦が，機雷に接触したために，死者を含み甚大な人身損害が発生するとともに，軍艦も大部が損壊するという損害が発生した．

B国は，自国の軍艦が今後もA国の領海を通航することに鑑みて，A国に対して，領海の掃海と機雷の除去を申し入れた．A国が，なかなか掃海作業に応じないので，B国も軍艦を派遣して掃海作業に協力することを申し出るなどしたが，両国間の交渉は難航した．

　両国間の交渉が難航して長期間にわたっていくうちに，B国は，A国の合意をえないままに，A国の領海にB国軍艦を派遣して，A国領海の掃海作業と機雷の除去を行った．

　さらに，掃海作業と機雷の除去を効率的に行うためと，今後も何者かにより機雷が敷設されることを防いで，A国領海を通航する自国軍艦への損害を回避するために，B国は，衛星を用いて，A国領海一帯の映像を取得した．A国領海は海上交通の要路であるため，B国以外の国の軍艦や商船もA国領海を通航するので，B国は通航する船舶の旗国や船舶にも映像を開示した．

◆**設問**　以上の事実を前提として，B国の行為は国際法上のいかなる違反を侵していると考えられるかについて論じなさい．なお，外国軍艦が領海内で無害通航権をもつかという問題については触れる必要はない．

　解　説

　1）本設問は，コルフ海峡事件を基礎として，変更を加えた設問である．

　2）第一に，B国が，A国の合意を得ないでA国の領海を掃海し機雷除去作業を実施したことは，領海沿岸国として領域主権をもつA国に対して，その領域主権に対する侵害であると考えられる．掃海や機雷除去作業は安全保障にかかわる作業であり，安全保障は主権国が決定し処理する最たる事項であるから，これについて領域主権国の合意なくしてB国が作業を実施したことは，A国の領域主権に対する侵害である．

　3）第二に，同じくB国によるA国領海の掃海作業と機雷除去作業は，A国に対する不干渉義務違反にあたるともいえる．

　領海掃海や機雷除去という領海の安全確保や安全保障は，領域主権国であるA国の国内管轄事項である．これについて，A国の合意を得ることなく，その意味で強制的にB国はA国領海に軍艦を派遣して一方的に掃海作業や機雷除去を行っているのであるから，これは干渉行為にあたる．国連憲章2条4項が禁止する武力行使や武力を用いた威嚇ではないが，軍事力を用いた干渉の態様で

あるといえる．国内管轄事項について，強制的に軍事力を用いて介入しているのであるから，B国の行為は，A国に対して不干渉義務違反を構成する．

 4) 第三に，B国が，A国の領海一帯の映像を衛星により取得したこと，また，交通の要路であるA国の領海を通航する船舶やその旗国に映像を公開したことも，B国によるA国に対する不干渉義務違反となる可能性がある．

 領海一帯の映像は，地理的・地形的な情報を含むだけではなく，海上における安全や安全保障に関する情報をも含む可能性は多分にある．いずれにせよ，それらは，領域主権国が固有に処理し保持する情報である．いかにこれらの情報を処理するかは，主権国家が決定することであり，国内管轄事項である．

 この点についても，B国は，A国の合意を得ることなく，A国の領海一帯の映像を取得し，しかも，関係諸国や船舶に情報を開示している．B国の行為は，軍事力を用いた強圧的なものではなく，強制的な介入という性質のものではない．けれども，情報処理や機密保持に関する主権国の決定権を侵害することにおいて，干渉義務違反を主張されうる．同様の主張としては，次のような例がある．領海外から発信される放送が領域で受信でき，文化的一体性が侵されるとか，外国領域での核実験により放射性物質が領域に飛散・降下することが，原子力に関する領域国の決定権の侵害であるという主張も，強制的介入というよりも，合意を経ないで決定権を侵害しているという性質の行為が問題になっていると考えられる．

【参考文献】
田畑茂二郎「国家主権観念の現代的意義」『現代国際法の課題』(東信堂，1991年)
田畑茂二郎『国家平等思想の史的系譜』(有信堂，1961年)
寺澤一＝山本草二＝広部和也編『標準国際法』(青林書院，1989年)［17頁］
松田竹男「現代国際法と内政不干渉の原則(上)・(下)」科学と思想53号，54号(1984年)
森川幸一「国内管轄事項とその国際標準化」村瀬信也＝奥脇直也編『国家管轄権──国際法と国内法』(勁草書房，1998年)

第9章　国家管轄権

論点

（1）国家管轄権の種類と機能
　国家管轄権には，いわゆる三権に即して，**立法管轄権・執行管轄権・裁判管轄権**があり，後二者は**強制管轄権**ということもある．3つの管轄権の機能は，人や事物に対して国家が立法してこれに照らして法的評価を与え，法を執行し，法を具体的な事案に即して適用して審理し決定することにある．

（2）国家管轄権の競合
　同一の人や事物に，複数の国の管轄権が及ぶことを**管轄権の競合**という．外国で犯罪が行われた時，領域国が当該犯罪につき管轄権をもつが，被疑者の国籍国や犯罪の被害者の国籍国も管轄権を主張することがあり，これは管轄権の主張の競合である．国際法が定める犯罪については，条約で犯罪行為地国，被疑者の身柄をもつ国，被疑者の国籍国，犯罪被害者の国籍国などに管轄権の行使を認めることがある．これは，国際法が定める管轄権の競合である．

（3）国家管轄権の根拠
　場所を基準とする**属地主義**が最も定着していて，他の根拠に対して，原則として優位する．それ以外には国籍を基準とする**属人主義**，外国で外国人が国家の重大な法益を侵害する時に，これに対して管轄権を行使する**保護主義**がある．強制管轄権は，属地主義が原則である．いずれの場所で，いずれの国籍の者により行われた行為についても，被疑者の身柄をもつ国が管轄権を行使できる**普遍主義**は，条約か慣習国際法により認められる．犯罪の効果が発生した場所を領域とする国家の管轄権を認める**客観的属地主義**，犯罪容疑者の国籍国の管轄権を認める**能動的属人主義**，犯罪被害者の国籍国の管轄権を認める**受動的属人主義**など，それぞれの根拠につき拡大適用が主張されることがある．

（4）国際法による国家管轄権の規律

国際法が国家管轄権を規律するのは、2つの目的がある。1つは、競合する国家管轄権の主張の対立を回避することである。主権国家が行政法・刑法・財政関係法などの公法規制を外国にある自国民などにおよぼそうとすれば、在留国の**属地管轄権**と競合し抵触しうる。その調整のために国際法は管轄権の根拠と優先順位を決める。さらに国際法は、国際犯罪につき管轄権を諸国に配分する条約に典型的であるように、国際共通利益を実現するために、国家管轄権を活用する。

（5）立法管轄権の域外適用

領域を越えて管轄権を行使することを**管轄権の域外適用**というが、特に外国での外国人の行為につき管轄権を行使することは、国際紛争要因にもなりうる。たとえば、米国市場に競争制限的な効果をもたらす、外国での外国企業の行為に関して米国法を適用するというように、立法管轄権の域外適用は主に20世紀後半以降に顕著となってきた現代的現象である。立法管轄権の域外適用それ自体は観念的であっても、当該企業に文書・証拠提出命令が出されてそれに当該企業が従うことは、企業の国籍国の政策と背反することがある。また、当該企業の代表者・関係者が米国を訪れれば、強制管轄権行使の対象となる。このような事情により、立法管轄権の域外適用は、国際紛争の原因となりうる。

（6）国家免除原則の根拠

国家免除は、国家は自ら合意しないかぎり他国の管轄権に服することはないことを言う。その根拠は、「対等なるものは対等なる者に対して裁判権をもたない」という法諺にあるとされ、対等な外国に対して裁判権を行使することは、主権国家の独立・平等・威厳を侵すと考えられた。裁判権からの免除が中心に考えられるが、海上で商業的役務を果たす公船の免除のように、執行権からの免除が問題となることもある。

（7）国家免除の適用範囲

主権の絶対性が強調された時期には、およそ国家の行為であればすべて免除する**絶対免除主義**がとられた。国家が個人と同様の行為を行うようになり、取引の相手方である私人の救済の必要性も意識され、国家行為のうちで、主権行使にあたる**主権的行為**は免除の対象とし、**業務管理行為**は免除の対象としない**相対免除主義**が有力になっている。2006年に日本の最高裁判所も、相対免除主義に判例変更した。国家行為を区別する基準として、**目的説**と**性質説**

があるが，目的説は主観的になるという批判があり，行為の性質や生ずる法律関係を基準とする性質説が妥当であるとされる．

事例演習

第1問

　A国とB国とは，世界の二大国であるが，政治体制や経済体制の相違から，つねに対立関係にあった．B国は，自国と同じ政治体制および経済体制をとるC国で内乱が発生して，反B国的な革命政権が成立しかけたために，軍事介入をして革命を収束させた．

　A国は，B国のこのような措置に対して強く批判的であった．そこで，A国から鉄鋼および鉄鋼製品，石炭および石炭製品をB国に輸出することを禁ずる輸出規制法を制定した．この法は，A国領域内で活動する企業に適用があることはいうまでもないが，A国は，A国で産出された原料を用いたりA国で製造された部品を用いた製品を，外国領域で活動する外国企業がB国へ輸出することをも禁止した．つまり，外国で活動する外国企業にも，A国の輸出規制法を適用することにした．その結果，D国やE国で活動する企業はこの法の適用を受けることになり，この法に従わなければ，A国から原料やA国で製造される部品の輸入を受けることはできないことになった．

　他方で，F国は，B国との関係で，A国と同じ政治的立場をとっていた．ところが，F国の石炭産業界では，独占的体質があって，A国の石炭産業に従事する企業がF国の市場に参入して，A国の石炭および石炭製品を輸出することが阻害される体質があった．

　A国は，F国の石炭業界における企業の独占的活動が，A国内の石炭業界の市場に対しても効果をおよぼしているとして，F国内で活動するA国企業以外の企業に対しても，A国の独占禁止法を適用すると主張した．

◆設問1　外交政策の手段として，管轄権の域外適用を行うことをどう考えるか．D国やE国は，A国の措置に対してどのような方法で対抗できるか．

◆設問2　F国産業界における独占的体質がA国の市場に効果をおよぼすという理由で，A国の国内法を域外適用することはどのように評価さ

れるか.

> **解説**

1）本設問は，シベリアパイプライン事件における米国法の域外適用，米国の独占禁止法の域外適用の実践を素材とした設問である．

2）設問1については，A国が，D国やE国で活動する企業に対してA国の輸出規制法を域外適用することは，管轄権の行使の根拠となる要素をもたない．外交政策上の手段として，立法管轄権の域外適用が用いられている．したがって，このような管轄権の行使は，国際法上の根拠を欠くために，正当化されるとはいえない．

3）けれども，実際には国際テロ支援国家への禁輸という名目でも，同様の立法管轄権の域外適用が行われたこともあり，同様の実践は今後も生ずる可能性がある．自国の外交政策や経済政策に自国企業を服さしめようとするのであれば，D国やE国は，A国の輸出禁止法に対する対抗立法を制定するなどして，D国やE国の企業がA国の輸出禁止法に従って，証拠提出命令や召喚命令にしたがったり，B国への輸出を控えることを禁止する立法措置をとることはありうる．ただし，このような対抗関係が国家間で生ずれば，それにより不利益を被るのは，私企業であることは忘れてはならない．それは，外交政策上の理由で，国家管轄権を域外適用することの弊害であるといえる．

4）設問2については，外国における外国企業の活動が，自国領域に効果をもたらすという理由で管轄権をおよぼす考え方は，「効果理論」と呼ばれる．客観的属地主義では，犯罪の結果が領域で発生するときに当該領域国の管轄権行使を認める．客観的属地主義では，犯罪の構成要件が領域内で発生しているが，効果理論では，この点を一層緩やかに解するのであり，管轄権の域外適用により許容的な考え方である．効果理論は，1945年アルコア事件で米国国内裁判所が示した理論であるが，国際社会で一般的に承認されたわけではなく，域外適用を国際法上で正当化する理論ということはできない．米国判例法でも，その後に，たとえば1976年のティンバーレン事件では，外国の法または政策との抵触の程度，他の場所への効果とを比較して米国への効果の相対的重要性，米国商業を害したり影響を及ぼす明白な目的が存在する程度，効果の予見可能性など，様々な要素を衡量して，管轄権の域外適用を考えるべきであるとしている．

◀第2問▶

　A国はB国との間には外交関係があり，A国領域内にB国大使館を開設していた．大使館で外交使節団としての業務に利用するために，B国は，A国企業である家電メーカーXとの間に売買契約を締結して，コンピュータを購入した．

　ところが，支払い期日が来ても，B国は，家電メーカーXに対して，コンピュータの代金を支払わなかった．Xの請求に対してもB国が支払わないために，Xは，A国の国内裁判所に，コンピュータ代金の支払いを求める訴訟を提起した．B国とXとが結んだコンピュータの売買契約の中には，この売買契約に関して紛争が生じた場合には，A国の裁判所で裁判手続を行うことに同意する旨の条項が記載されていた．

　原審は，絶対免除主義を採用して，B国に対して，A国の民事裁判権からの免除を認めた．これに対して上訴審である本件裁判では，相対免除主義を採用して，B国に対してA国の裁判権を行使できると判断した．

◆設問1　絶対免除主義とはどのような考え方か．原審は，それをどのように適用したと考えられるか．

◆設問2　相対免除主義はどのような考え方か．本件で相対免除主義を採用して，A国の裁判権をB国におよぼすのは，どのような論拠によると考えられるか．

解　説

　1）本設問は，パキスタン貸金請求事件を素材とした設問である．

　2）設問1については，絶対免除主義とは，国家主権の絶対性が強調された時期に有力であった考え方であり，およそ国家の行為であれば外国の裁判権から免除されるというものである．例外は，法廷地国領域内の不動産に関する訴訟であるとか，被告とされる国家自らが裁判権に服する意思を示す場合である．

　本件では，コンピュータの売買契約の中に，B国はこの契約に関して紛争が生じた場合には，A国裁判所で裁判手続きを行うことに同意する旨の条項があった．それにもかかわらず，原審は，絶対免除主義によりA国の裁判権からB国が免除されるとしている．よって，国家と私人との間の契約に示された意思では，免除を放棄する意思としては充分ではないと判断したと考えられる．

　3）設問2については，相対免除主義は，国家が私人と同様の行為を行うよ

うになり，国家免除を認めると国家の取引の相手方である私人に司法救済が与えられないことが不適当であるとする考え方である．国家行為を，主権行使に当たる主権的行為と，商業行為のような業務管理行為とに分けて，後者については，免除を認めないという考え方である．

本件では，相対免除主義を採用して免除を否定したのであるから，コンピュータの売買契約締結と債務不履行という行為について，これらを国家の業務管理行為とみなして，免除を否定したと考えられる．

4）国家の行為を主権的行為と業務管理行為とに分ける基準については，目的により判断とする目的説と，行為の性質や生ずる法律関係によるとする性質説とがある．

目的という観点からすると，およそ国家が行う行為はなにがしか主権行使に関連することが想定され，主権的行為と業務管理行為とに分ける基準として適当ではないと考えられている．本件でも，コンピュータは外交使節団の業務のために利用されるという目的からすれば，外交機能という目的のためのコンピュータの購入であり，主権的行為であるという結論もありえなくはない．けれども，本判決は，免除を否定しているのであるから，売買契約の締結や債務不履行という行為について，行為の性質や生ずる法律関係から判断して，業務管理行為とみなしたと解される．

5）また，売買契約中に，B国がそれを巡る紛争についてはA国裁判所で裁判手続を行うことに同意する条項が存在した点については，これをもって，B国がA国の裁判権に服する意思を示したと解したと考えることはできる．それに加えて，国家行為を主権的行為と業務管理行為に区別するにあたって，このような意思表示は，当該行為を業務管理行為と判断するための指針であるとみなしたとも考えられる．

【参考文献】
山本草二「国家管轄権の機能とその限界」寺沢一＝内田久司編『国際法の基本問題』（有斐閣，1986年）
村瀬信也＝奥脇直也編集代表『国家管轄権——国際法と国内法』（勁草書房，1998年）
奥脇直也「国際法の実現過程——変容する国家管轄権の機能」村瀬信也＝奥脇直也＝古川照美＝田中忠『現代国際法の指標』（有斐閣，1994年）

小寺彰「独禁法の域外適用・域外執行をめぐる最近の動向」ジュリスト 1254 号（2003 年）

広部和也「最近における主権免除原則の状況」国際法外交雑誌 104 巻 1 号（2005 年）

水島朋則「国際法規則としての主権免除の展開と免除範囲との関係について」国際法外交雑誌 107 巻 3 号（2008 年）

第 10 章　外交・領事関係法

論 点

（1）外交関係制度の歴史的発展
　外交使節の派遣や接受は，13世紀のイタリアに始まる．外交関係法は，19世紀までに欧州諸国の実行を通じて，歴史的に慣習国際法として発展した．今日の外交関係法の中心をなすのは，**外交関係条約**（1961年）である．これは国際法の法典化と漸進的発達の両面をもつが，発効後の国家実行の集積により，現在ではその内容のほとんどが慣習法である．同条約は参加国の普遍性が高く，一般に締約国によりよく守られている．

（2）領事関係制度の歴史的発展
　領事制度は，中世後期の欧州商業都市の伝統を背景に，十字軍遠征後の東方諸国における欧州居留地の慣行を淵源とする．近代主権国家の出現により一時衰退したが，19世紀の国際通商の隆盛に伴い領事任務は再び注目された．領事関係法は，多くの**二国間条約**（領事条約，通商航海条約）と国内法による個別の規制を中心に歴史的に発展した．**領事関係条約**（1963年）は，国際法の法典化と漸進的発達の両面をもち，諸国間の妥協の産物である．今日の領事関係法は，**一般法としての領事関係条約**と，**特別法としての多くの二国間条約**と**地域的条約**として存在する．

（3）外交関係の設定・外交使節団の派遣・外交使節団の任務
　外交関係の設定とそれに続く**常置外交使節団の派遣**は，当事国相互の合意による．外交使節団の派遣では，その長については接受国の**アグレマン**（同意）が必要である．その職員については，アグレマンは不要だが，接受国は**ペルソナ・ノン・グラータ**の通告により受入を拒否できる．常置外交使節団の任務は，**保護，交渉，観察，代表および友好・協力の推進**の5つである．外交使節団は，任務の遂行に際し，国際法の規則（特に**国内問題不干渉義務**と**国内救済手続完了の原則**）を守らなくてはならず，接受国の法令を遵守しなければ

61

ならない．接受国は，彼らの任務の遂行のために十分な便宜を与える義務を負う．

（4）領事関係の設定・領事機関の設置・領事機関の任務

領事関係の設定は当事国間の合意によるが，外交関係の設定は通常，領事関係設定の同意を含むものとみなされる．領事機関の設置には接受国の同意が必要である．領事機関の長の任命にアグレマンは不要だが，接受国はいつでもペルソナ・ノン・グラータを通告できる．領事機関の任務は多岐におよぶが，本国を代表して接受国と外交交渉はできず，また同国の中央当局と通信できない．接受国は**領事任務を保障する義務**を負う．領事関係条約上，接受国の権限当局は，派遣国の国民が逮捕，留置，勾留または拘禁された場合に，その国民の要請で，遅滞なく当該領事機関に通報する義務を負う（ラグラン事件 ICJ〔国際司法裁判所〕判決）．

（5）外交使節団および領事機関の特権免除の根拠

外交使節団の長および職員に認められる特権免除の根拠として，歴史的に**治外法権説**，**代表説**および**機能説**が主張されてきた．外交関係条約は，基本的に**機能説**の立場に立ちつつ（前文），**代表説**の要素を取り込んで特権免除の範囲を若干拡大している．他方で，領事機関に認められる特権免除は，もっぱら機能的必要性によるものである．領事関係条約もこの点を強調するが，英米諸国と旧社会主義国間の妥協の産物として，特権の内容は当初の条文草案よりも大幅に拡げられている．

（6）外交使節団の特権免除の種類・享有期間

外交使節団に認められる主な特権免除は，**公館の不可侵**（22条），**外交官の身体の不可侵**（29条），**外交官の裁判権からの免除**（31条），**課税の免除**（34条），**通信の自由**（27条），**文書の不可侵**（24条），**外交使節団のすべての構成員の移動・旅行の自由**（26条）である．**特権免除の享有期間**は，その者が接受国の領域に入った時から始まり，任期の終了した時も，通常その者が接受国の領土を去るに必要な相当の期間は続く．また，その者の任務遂行中の行為に関する裁判権からの免除は，任務終了後も継続する（39条）．派遣国は，明示の表示により，これらの特権免除を**放棄**できると解される．

（7）公館の不可侵，外交官の身体の不可侵・裁判権からの免除

公館の不可侵は絶対的である．国家の安全保障に対する深刻な脅威または外交特権の明白な濫用に直面した時でも，接受国は強制的に公館に立ち入ることはできない．火災や伝染病の発生などの緊急時の立ち入りも，認められない

と解される．なお，**外交的庇護権**については，一般国際法上認められないという見解が有力である（庇護事件 ICJ 判決）．接受国は**公館を保護する義務**を負う．外交関係条約によれば，接受国は公館の保護や侵害の防止のために適当なすべての措置をとる**特別の責務**を負う（22 条 2 項）．これは積極的な排除措置をともなう義務である（米国大使館人質事件 ICJ 判決）．そして，**外交官の身体は不可侵**である．外交官は，いかなる方法によっても抑留または拘禁することができず，接受国は外交官の身体，自由に対する侵害を防止するためすべての適当な措置をとらなければならない（29 条）．外交官は接受国の**刑事裁判権からの完全な免除**と**民事・行政裁判権からの制限的な免除**を享有する（31 条）．派遣国は明示的な表示により，**裁判権の免除を放棄**できる（32 条）．

(8) 外交使節団の特権免除の濫用

外交関係法は，接受国が特権免除の濫用に直面した際にとるべき対抗措置の手段を特定する．①接受国は理由を示すことなく，その者をペルソナ・ノン・グラータとして派遣国に通告できる．通告を受けた派遣国は，その者を召還し，またはその者の任務を終了させなくてはならない（9 条 1 項）．②派遣国が上記の義務の履行を拒否，または適当な期間内にこれを履行しなかった場合には，接受国は，その者を使節団の構成員として認めることを拒否することにより（同条 2 項），**外交官の身分を剥奪**できる．③より強硬な手段として，接受国は**派遣国との外交関係を断絶**できる．この点に着目し，外交・領事関係法は原則としてそれ自体で完結した制度を構成する「**自己完結的制度**」(self-contained regime) と呼ばれることもある（米国大使館人質事件 ICJ 判決）．ただし，上記の措置では十分に対処できない場合に，常に，関係国相互間で違法行為に均衡した対抗措置の行使が排除されるわけではない．

(9) 領事機関に認められる特権免除

領事関係条約に基づき領事機関に認められる主な特権免除は，領事関係条約によれば，**公館の不可侵**（31 条），**課税の免除**（32 条），**文書の不可侵**（33 条），**通信の自由**（35 条），**領事官の身体の不可侵**（41 条），**領事任務の遂行に関する裁判権の免除**（43 条）である．外交使節団とは異なり，不可侵権はきわめて制限的である．**領事機関の公館は不可侵**であり，接受国は，公館の保護や侵害の防止のために適当なすべての措置をとる**特別の責務**を負うが，火災などの緊急時には長の許可なくして立ち入ることができる．**領事官の身体は不可侵**だが，重大な犯罪であって司法当局の決定がある場合には，抑留・

拘禁されうる．任務遂行中の行為であっても民事裁判権から免除されないことがあり，また，任務と無関係な私的行為については裁判権から免除されない．なお，派遣国は，領事機関の構成員について，身体の不可侵，裁判権からの免除，証言の義務の免除を，書面の通告により**放棄**できる（45条）．特権免除の享有期間は，外交官のそれと類似する（53条）．

事例演習

◆**第1問**◆

　A国で革命が発生して新しい政権が成立し，これを契機にA国内では，旧政権と親密な関係にあったB国に対抗する運動が市民の間で激化した．特にB国大使館周辺では，連日市民による反B国デモや抗議集会が行われ騒然とした状態にあったが，周辺地域の警備体制が革命より強化されてはいなかった．

　そのなかで，暴徒と化した群衆がB国大使館を襲撃し，同大使館員を人質にとって同大使館に立てこもった．事件当時A国外務省にいたB国代理公使は，A国政府当局に対して，再三大使館員の安全確保および大使館の引渡しと人質救済を要請した．

　しかし，A国政府は積極的に対応せず，さらに大使館の占拠と人質行為が開始されて半年後には，A国政府の大統領は，大使館の占拠と人質行為を肯定し支持する声明を公式に発表するとともに，大使館を占拠する群衆に対して武器や食料などの支援を開始した．そして，大使館の占拠と人質行為は，その発生からC国の仲介により問題が解決するまでの間，約2年間継続した．なお，A国およびB国のいずれもウィーン外交関係条約の当事国である．

◆**設問**　A国はB国に対してどのような法的責任を負うか．

解　説

　1）本設問は，在テヘラン米国大使館人質事件（1980年ICJ判決）を簡略化し，一部変更した事例である．

　2）この事案では，A国政府が大使館の占拠と人質行為を支持する前後で2つの時期に分けたうえで，その各々について，2つの観点からの検討が必要である．1つは，群衆による行為がA国に帰属するかであり，もう1つは，A国

は国際法上の義務を履行しているかどうかである．

　3）第一には，A国政府が大使館の占拠と人質行為を支持する前の時期についてである．まず，暴徒と化した群衆はA国の機関として公的地位を有していたとは考えにくいため，その行為は私人の行為としてA国に帰属しない．したがって，大使館の襲撃と占拠，および大使館員の人質行為それ自体について，A国は責任を負わない．他方で，A国は一般国際法上，また外交関係条約に基づき，大使館への侵入または損壊を防ぎ，大使館の安寧の妨害または大使館の威厳の侵害を防ぐために，適当なすべての措置をとる特別の責務（22条2項），外交官の身体，自由または威厳に対するいかなる侵害を防ぐため，すべての適当な措置をとる義務（29条），外交使節団の公文書および文書の不可侵を確保する義務（24条），外交使節団の自由な通信を保護する義務（27条），および外交官の自国領域内における移動の自由を確保する義務（26条）を負う．ゆえに，群衆によるB国大使館の襲撃と占拠，および大使館員の人質行為の前と後のそれぞれの段階で，必要とされる適当な措置をとったかどうかが問題となる．そして，各段階でとっていなければ，A国はB国に対してそれらの義務の違反により国際責任を負うことになる．

　4）まず，一連の行為の前の段階では，当時のB国大使館周辺の状況に鑑みれば，A国は不測の事態の発生を防止するために警備体制の強化などの積極的な措置をとることが求められていた．この点で，A国の対応は十分とはいえなかった．次に，大使館の襲撃と占拠，および大使館員の人質行為が発生したことを受けて，A国は大使館襲撃の阻止，大使館の引渡しと大使館員の救済のために適当なすべての措置をとらなくてはならなかった．B国代理公使による再三の要請にもかかわらず，A国はこの点で格段の対応をするわけでもなく，必要な努力を尽くしたとはいえない．したがって，以上の2つの点でA国はB国に対して違法行為責任を負うことになる．

　5）第二には，A国政府が大使館の占拠と人質行為を支持した後の時期についてである．まず，A国政府は群衆による大使館の占拠及び大使館員の人質行為を公式に支持し支援したことにより，群衆によるそれらの行為は法的にはA国に帰属することになった．これらの行為は，既に慣習法上確立し，また外交関係条約でも明示されている公館の不可侵の義務及び外交官の身体の不可侵の義務に明白に違反する行為である．したがって，大使館の占拠及び大使館員の人質行為それ自体について，A国は違法行為責任を負う．

第10章　外交・領事関係法

◀第 2 問▶

　かねてより，A国にあるB国大使館はA国領域内におけるテロ活動の拠点として利用されているという噂があり，これに対してA国政府は強い懸念をもっていた．

　ある晩，A国の首都にある繁華街でパトロールを遂行していたA国の警察官は，不審者Xが爆発物を仕掛けているのを目撃したため，それを阻止しようとしたところ，逆にXにより拳銃で狙撃され重傷を負った．その直後に銃声を聞き現場に駆けつけたA国の別の警察官が逃亡するXを追跡したところ，XはB国大使館に逃げ込んだ．A国政府の調査では，XはB国の外交官であることが判明している．なお，A国およびB国のいずれもウィーン外交関係条約の当事国である．

◆設問　A国政府はどのような法的措置をとることができるか．

　解　説

　1）本設問は，架空の問題設定である．

　2）この事案では，B国大使館およびB国の外交官Xに対して，接受国のA国はいかなる法的措置をとることができるか，ということを検討しなくてはならない．

　3）まず，A国は，B国大使館が自国領域内におけるテロ活動の拠点となっている恐れがあること，または，犯罪行為（爆発物の設置と警察官狙撃）の容疑者Xを匿（かくま）っていることを理由に，B国大使館を強制捜査することができるだろうか．結論からは，B国の外交使節団の長による事前の許可がないかぎり，A国の官憲はB国大使館を捜査することはできない．外交使節の公館は絶対的に不可侵であり，公館への強制的な立入りは，接受国の安全保障に対する深刻な脅威，または外交特権の明白な濫用に直面したときでも，認められないからである．これは一般国際法上の規則であり，公館の不可侵はウィーン外交関係条約でも規定されている（22条1項）．ただし，公館への強制的な立入りは，一般国際法上，極めて例外的に自衛権の発動として正当化されうるという議論もあるので，本事案がこれに該当しうるかどうかについては，一考の余地もある．

　4）次に，A国は犯罪行為（爆発物の設置と警察官狙撃）の容疑者Xに対し

て，公館外で逮捕し取調べを行った上で，刑事訴追することができるだろうか．この点について，B国の外交官としてXが享受する特権免除が問題となる．外交官の身体は不可侵であり，また，外交官は例外なく接受国の刑事裁判権を免除される．これは外交関係条約で明記され（29条），一般国際法上も確立した原則である．したがって，Xの派遣国BがXの裁判権免除を含む特権免除を明示的に放棄しないかぎり，A国はこれらの措置をとることができない．

5）けれどもA国は，ウィーン外交関係条約で認められた次のような措置をとることができる．第一に，外交官Xをペルソナ・ノン・グラータとしてB国に通告することができる．この通告につきA国は理由を示す必要はない．これを受けたB国は，外交官Xを召還し，またはXの任務を終了させなくてはならない（9条1項）．けれども，B国がこの義務を拒否，または適当な期間内にこれを履行しなかった場合には，A国は第二の措置として，Xを使節団の構成員として認めることを拒否することにより，外交官の身分を剥奪することができる（同条2項）．これらの場合に，XがA国の領土を去るに必要な相当の期間が経過した後には，A国はB国大使館の外でXを逮捕し刑事訴追することができる．さらに第三の措置として，A国はB国との外交関係を断絶することもできる．

【参考文献】
横田喜三郎『外交関係の国際法』（有斐閣，1963年）
同『領事関係の国際法』（有斐閣，1974年）
山本良「国際法上の『自己完結的制度』に関する一考察」国際法外交雑誌93巻2号（1994年）
E. Denza, *Diplomatic Law: Commentary on the Vienna Convention on Diplomatic Relations, 3rd edition*, Oxford University Press, 2008.

第11章　国家の国際責任

論　点

(1) 国際違法行為責任としての国家責任

　主権国家が相互に対等で独立の関係で並存する国際社会では，主権国家は，自らが合意した国際義務に違反することにより，国際法上の責任，つまり，**国家責任**を負う．国家責任は，義務違反を根拠とし，**国際「違法」行為責任**である．加害行為が国際義務違反にあたるかは，それを規律する条約で加害国を当事国とするものや慣習国際法が成立しているかによる．慣習国際法の例として，領域国が在留外国人を保護する義務，領域使用の管理責任原則，国際環境損害防止原則などの一般的義務も，加害行為を国際義務違反とする根拠を与える．

(2) 「二次規則」で総則法理としての国家責任法

　国家行為に関する義務を定める「**一次規則**」に対して，国際義務違反の法的結果を規律する法として，国家責任法は「**二次規則**」とされる．国連国際法委員会（ILC）による法典化の過程では，外国人が損害を受けた場合に国家責任法の問題を限定したこともあった．これに対して，「二次規則」としての国家責任法は，あらゆる国際義務違反の法的結果を規律する法である．ILCの法典化の過程では，**国家による国際犯罪**が規定されて，特定の義務の違反については特別な法的結果を認める試みがあった．これに対しては諸国や学説からの疑問が強く，ILCが2001年に採択した**国家責任条文**（2001年条文）は，その趣旨を部分的に残したが，国際犯罪に関する規定を削除した．

(3) 国家責任の発生要件：客観的要件

　国際義務違反が国家責任発生のための客観的要件である．義務の性質に注目して，**結果の義務，方法・実施の義務，特定事態発生防止の義務**という分類がある．ただし，国際義務の規定ぶりからして，どの義務にあたるかの解釈がわかれることもあり，この分類により義務違反の認定が明確になるとはかぎら

ない．継続性のある行為と継続性のない行為の分類は，2001 年条文が採用する．継続性のある義務違反は，責任追及国が違法行為の中止を請求する場合の要件となる．

(4) 国家責任の発生要件：**主体的要件**

　国際違法行為が，国家に帰属する行為であることが，国家責任発生のための主体的要件である．立法・執行・裁判といった国家機関の行為は国家行為とみなされる．国家機関の権限逸脱ないしは法違反の行為を国家に帰属させるかにつき，2001 年条文は「その資格で」国家機関が行為した場合に**国家への行為帰属**を認める．私人の行為は，外国や外国人に損害を与える行為でも国家に帰属しない．私人の行為に関連して，国家が防止を怠るとか，事後の処罰をしないなど，国家自らの行為が国際義務に違反する時に，国家責任が発生する．

(5) **故意・過失**

　2001 年条文は客観説を採り，国家の意図や注意の懈怠を国家責任の発生要件とはしない．客観説によれば，国際規則の内容と国家行為との間に事実上の乖離があれば義務違反が発生する．けれども，国際規則の規定ぶりでは，「適当な措置をとる」「必要な措置をとる」「相当の注意を払う」といった柔軟な解釈を許すことが多い．そこで，個別具体的な状況での，国家の義務の認識，手段や能力の保持，損害やその悪化の予見可能性などを考慮して義務違反を認定することになる．ここに，従来，**故意・過失**として考慮されてきた要因が，依然として機能を有している．

(6) **法益侵害**

　従来は，**法益侵害**が国家責任の発生要件と考えられていたが，2001 年条文はこれを否定した．その結果，義務違反がそれに対して向けられている国家が，義務違反国に対して国家責任を追及できることになる．2001 年条文は，集団や国際共同体に負われている義務で一定の場合には，すべての国を被害国と認めたり，被害国ではない国が違法行為中止や再発防止保証を請求することを認める．国家責任法の 2 つの機能である，**法益侵害の救済**と**合法性回復**のうち，後者の比重が高まる．2012 年に ICJ が，条約当事国であれば他の条約当事国の条約違反を裁判所に訴える原告適格を認める判決を出したが，一般的に固有の被害を受けない国が国家責任を追及する，裁判実践の支持が確立しているわけではない．

(7) 国家責任の追及：外交的保護

外国人が領域国で損害を受け適当な救済を受けられない時，外国人の本国は自国民のために領域国に対して国家責任を追及する．これを**外交的保護権**の行使という．外交的保護権の行使の要件は，外国人が領域国で国内救済を尽くしていることと，損害発生から国家責任の国際請求の時点まで，この国籍を継続して有していることである．

(8) 救済および回復による国家責任の履行

法益侵害の救済と合法性回復は，**原状回復，金銭賠償，サティスファクション**によりなされる．サティスファクションは，主権侵害や国家の名誉侵害のような非有体的法益侵害につき行われることが多く，正式な陳謝や原因行為者の処罰，裁判所による違法宣言などが使われる．**違法行為中止**や**再発防止保証**は，法益侵害の救済や合法性回復の態様ではないが，責任追及国が責任国に請求する内容として認められるようになっている．

事例演習

◆第1問◆

A国では，しばしば黄砂が発生する．A国領域内では，黄砂による被害がある．黄砂は，大気を汚染するとともに，土壌を汚染し，森林や農作物にも汚染を及ぼすことがある．黄砂は風に運ばれることもあるが，通常の天候であり，異常気象による強大な風力にさらされないかぎりは，特に隣接国B国にまで黄砂が及んで被害を引き起こすことはない．黄砂による越境汚染を防止する義務を含む条約はあるが，A国はその当事国ではない．

A国とB国が接する国境地帯で，A国の私企業Xが工場を建設することと工場の操業について，A国政府に許可を申請した．工場の稼働態様は，空気の強力な噴出をともなうものであった．A国政府は，このような稼働態様の工場の建設と操業を許可した．同工場が操業を開始し，空気を強力に噴出し続けたところ，通常の天候状態にあっても，A国の黄砂が，B国との国境地帯にまで到達し，飛散するようになった．

A国とB国の国境地帯には，B国民Yの農場と森林が広がっているとともに，B国の国営農場も存在している．A国から到達し，飛散した黄砂によって，Yの農場や森林の双方が汚染被害を受けるとともに，B国の国営農場も同

様に被害を受けた．

- ◆設問　B国は，A国の国家責任をどのように追及して回復や救済を請求できるか考えなさい．なお，異常気象による強大な風力にさらされて，A国の黄砂がB国に到達し，飛散してB国領域に汚染被害を与える状況については考えなくてもよい．

解説

1）本設問は，チェルノブイリ事故による近隣諸国への被害の発生や，トレイル熔鉱所事件を素材にした設問である．

2）A国の国家責任が発生するかにつき，まず，客観的要件である国際義務違反の点からみていく．A国は，黄砂による越境汚染防止義務を規定する条約の当事国ではないので，条約上の義務違反を問うことはできない．他方で，慣習国際法化したとされる領域使用の管理原則の適用が考えられる．領域使用の管理責任原則は，トレイル熔鉱所事件で仲裁法廷が定式化した例によれば，国家は，明白で説得力のある証拠がある場合には，自国領域を，外国や外国人に損害を与えるような方法で使用したり使用を許可してはならないということである．A国は，この領域使用の管理責任原則上の義務に違反している可能性を考えることができる．

3）それでは，国家責任の主体的要件である「国家行為」につき，どこにA国の国家行為が求められるか．Xは私企業であるから，Xによる工場の建設や操業は国家ではなく，私人の行為である．けれども，A国は，この工場の建設と操業を許可している．この許可というA国の国家行為が，領域使用の管理責任原則上の義務に違反しているかが問題になる．

同原則上の防止義務にかかる注意の程度に注目すると，A国は工場の稼働態様を認識しており，工場の稼働態様が空気の強力な噴出をともなうゆえに，黄砂が隣国のB国領域まで飛散することは容易に予見できたはずである．それにもかかわらずA国がXに工場建設と操業を許可したことは，Xの有害行為に関連して，領域使用の管理責任原則上でA国が相当の注意をともなって損害を防止する義務を怠ったと判断することができる．

4）B国がA国の責任を追及するに際しては，B国の領土保全に対する侵害や，より具体的にB国の国営農場への汚染損害を理由として，A国の責任を追

及することができる．さらに，B国民Yが受けた被害につき，YがA国の国内手続きで適当な救済を得られず，国内救済を尽くした時には，この損害についてもB国は外交的保護権を行使して，A国の国家責任を追及することができる．Yが損害発生の時点から外交的保護権の行使までの間，B国の国籍を有していれば，国内救済を尽くすという要件とともに，外交的保護権行使のもう1つの要件である国籍継続もみたす．

　5）責任を追及して請求する回復や救済の内容としては，汚染損害に対して原状回復を求めることもできるし，損害や汚染除去費用をふくめた金銭賠償を求めることも考えられる．

　設問にあるように，異常気象によるA国からB国への黄砂の飛散が，不可抗力であり，違法性阻却事由にあたるかは論ずる必要はない．

◆第2問◆

　A国とB国との間には，両国の関係の歴史的認識について，かねてより見解の対立が存在している．B国が自ら適当と考える歴史的認識について，あらためてこれを公式に発表し，中学校および高校の歴史の教科書にも，その趣旨の記載を求める方針を明らかにした．これをきっかけとして，A国内で，反B国感情が著しく高まり，A国の各地で反B国デモやさまざまな有害行為が行われた．

　A国内でB国料理店を営むB国民Xの店舗が，A国の反B国感情をもつ集団により投石を受けて損壊した．XはB国料理店を営むにはB国籍を有していることが店の宣伝になると思い，B国籍を取得していた．Xは，B国料理雑貨を仕入れるために，ごくたまにB国を訪れることはあっても，B国に居住したことはない．他方で，在A国のB国大使館前でも，A国の反B国感情をもつ集団は抗議活動を行い，国旗の複製を用いての焼却や踏みつけが，大規模にかつ執拗に行われた．また，大使館公館に向けて投石が行われ，公館は損害を受けた．

　B国の歴史的認識の公表以来，A国内で反B国感情が著しく高まっていたことをA国は認識していた．A国は，ここで述べた有害行為の事前から事後にかけて，特別な措置をとることはしなかった．有害行為の現場においても，A国の警察官は，A国民が行う有害行為について，その最中も事後でも，一切の措置をとらなかった．A国は，「A国民によるB国大使館や在A国B国民に対する一連の抗議活動は，A国の政策に合致するものであり，A国政府はこれを支

持し是認する」という公式の声明を繰り返し発出した．

- ◆設問1　A国民の有害行為が，A国の「国家行為」か，そうでなければ，A国の「国家行為」は何か．
- ◆設問2　B国は，どのような法益侵害についてA国の国家責任を追及できるか．その場合に，国旗の複製に対する行為によりB国は法益侵害を受けたか，受けたとすればどのような救済の請求が考えられるか．
- ◆設問3　XがA国内の手続きで適当な救済を得られない場合に，B国はXについて，外交的保護権を行使できるか．

解　説

1）在テヘラン米国大使館員人質事件（以下，人質事件）や，中国で日本大使館や在中国日本人が中国人による反日行為により法益侵害を受けた事例を基礎とした設問である．

2）設問1については，問題文中の有害行為は，反B国感情をもつ集団により行われており，国家機関によるものではない．A国政府の声明により，私人の行為が国家の行為に転化するかが問題となる．人質事件にしたがえば，政府声明により私人の行為が支持され是認されていることにより，反B国感情をもつ集団がA国国家機関に転化して，その行為はA国の国家行為となる．2001年に採択された国家責任条文11条によれば，国家が自己の行為として認めかつ採用した場合には，当該行為は国家行為になる．さらに，仮にこれらの有害行為そのものがA国の国家行為にならないとすれば，現場で一切の措置を取らなかったという警察官の不作為がA国の国家行為である．

3）設問2については，A国の大使館公館が損傷したことは，有体の法益侵害である．国旗の複製については，軽微ないたずらとは異なり，大規模かつ執拗に行われているから，A国の名誉や威信という法益に対する侵害ととらえることは可能である．これは非有体法益侵害であるので，正式な陳謝，名目的金銭賠償，実行者の処罰，国際裁判所による違法宣言判決などにより救済される．

4）設問3については，XのB国籍が，外交的保護権を行使するための要件として適当かが問題となる．ノッテボーム事件によれば，国籍付与条件は主権

国家が決定する事項であるが，国際法上の外交的保護権を行使する要件となる国籍は国際法の要件を満たしていなければならず，それは，国と個人との間に真正な結合が存在することであるとされた．これに従えば，XはごくたまにB国を訪れるのみでありB国には居住実績もなければ生活の拠点もないため，B国とXとの間に真正な結合があるとは言いにくい．よって，XのB国籍を根拠としてB国が外交的保護権を行使することは認められないと考えられる．ただし，真正な結合を求めることは，実効的国籍の原則といえるが，同原則は，重国籍の場合の基準であるとして，ノッテボーム事件判決に疑問も提起されている．

【参考文献】

山本草二『国際法における危険責任主義』（東京大学出版会，1982年）

田畑茂二郎『国際法Ⅰ〔新版〕』（有斐閣法律学全集，1973年）［第二編第五章］

安藤仁介「国家責任に関する国際法委員会の法典化作業とその問題点」国際法外交雑誌93巻3=4号（1994年）

松井芳郎「伝統的国際法における国家責任の性格」国際法外交雑誌89巻1号（1990年）

兼原敦子「国家責任法における『一般利益』概念適用の限界」国際法外交雑誌94巻4号（1995年）

兼原敦子「行為帰属論の展開にみる国家責任法の動向」立教法学74号（2007年）

第12章 国家領域

論点

(1) 領域主権とはどのような権利か

　国際法上，国家が**領域主権**をおよぼす地域および空間を，当該国家の**国家領域**ないし単に**領域**と呼ぶ．領域は，領土，領水，領空から構成される．領域主権は，国家が自国領域を排他的に使用，収益，処分するという，私法上の所有権に類似する対物的権利（dominium）としての側面と，自国領域内のすべての人と物に対する排他的かつ包括的な支配権（imperium）としての側面をあわせもつ，複合的な性質の権利と一般にとらえられている．領域主権に排他的支配権の側面があることの帰結として，各国は自国領域内において他国の権利を保護する義務を当然に負う．他方，領域主権の対物的権利としての側面，すなわち国家が領域を自ら使用し，または他人にその利用を許可することには，他国の領域および権利を侵害する結果にならないように配慮する特別の注意義務がともなう（**領域使用の管理責任原則**）．

(2) 領土保全原則の射程

　各国は，主権平等原則に基づき，他国領域を武力によって侵害しない義務を相互に負っている．これを**領土保全原則**という．同原則は，未だ国家を形成していない段階の**植民地人民**の「国土」にも適用が認められた（1960年「植民地独立付与宣言」第4項）．さらに，武力行使に該当しないかたちでの領域侵犯や，**越境環境損害**の原因となる領域使用などを，領土保全の侵害と位置づける主張が展開されることもある．

(3) 領域主権の伝統的取得方式

　領域主権を創設するものと国際法が認める一定の事実あるいは根拠を**領域権原**という．伝統的学説は，**領域主権の取得方式**および**喪失方式**というかたちで，領域権原をあらかじめ類型化して特定し，各方式の要件を明示することで，いずれの国家が領域主権を有効に設定したかを客観的に確定しようとして

きた．取得方式として多くの論者が挙げてきたのは，①**先占**（取得の意思をもって実効的に無主地を支配すること），②**添付**（海岸の寄洲作用などにより領域内に新しく陸地が形成したという事実をもって，当該陸地への領域主権を取得すること），③**割譲**（領域主権を合意により移転すること），④**時効**（無主地ではない陸地に領有の意思をもって実効的な支配をおよぼすことで，領域主権を取得する方式），⑤**征服**（戦時に敵国領域を占領し，領有の意思をもって実効的支配を確立すること），の5つである．

（4）方式論の特徴と限界

以上のような**方式論**としての領域権原論では，ある国家がいずれかの方式の要件を充たして確定した領域権原には，要件充足の時点で即座に，すべての国家に有効に主張できる**対世的効力**が認められる．各方式の要件は，複数の国家による同時の充足を排除し，かつ他の方式と相互排他的になるよう定められているので，**領域の帰属をめぐる紛争**がある場合には，いずれかの要件を完全に充足して対世的権原を確立した国を確定したうえで，その権原が喪失方式の成立によって消滅していないかを検討することになる．しかし，現実における紛争の事実関係は多様であり，それらを定型的で限定的な取得方式にあてはめて，対世的権原の存否を**絶対的**かつ**静態的**に確定するのは非常に難しい．そのため，方式論は国際裁判ではほとんど依拠されてこなかった．

（5）国際裁判における領域紛争の解決方法

1928年の**パルマス島事件仲裁判決**以来，多くの判決で重視されているのは，係争地域における「**領域主権の継続的かつ平穏な表示**」である．各当事国による主権の表示を比較し，その優位性を相対的に判断する手法がとられることが多い．求められる主権の表示の内容や実効性の程度は，比較の対象により，また係争地域の状況に応じて，様々に異なる．他方で，当事国間に割譲条約や境界画定条約のような係争地域をめぐる合意が存在する場合や，**ウティ・ポシデティス原則**（現状承認原則）の適用が合意されている場合には，主権の表示ないし実効的支配の果たす役割は，限定的なものとみなされる傾向にある．さらに，黙認の存否を重視しそれに依拠する判決もある．

（6）新しい領域権原論の可能性

以上のような判例法理に現れる領域権原は，方式論で観念されてきたような定型性，限定性，対世的効力，絶対性といった特質を同様に備えているとは言い難い．そこから，判例法理に特徴的な権原の**相対性**や権原取得プロセスの

動態的把握などに基づいて，方式論に代わる新たな領域権原論を構築するという考えが有力に主張されている．ただし，方式論と判例法理の相違を認めつつも，判例法理は**紛争解決基準**ないし裁判規範として，方式論は取得を規律する規則ないし行為規範として，異なる局面でともに有効であるとみなす立場もあり，学説および判例の展開が注目される．

事例演習

◆**第1問**◆

　X島はA国領のY島とB国領のZ諸島のほぼ中間に位置する人口700人余りの小島で，A国とB国がともに自国への帰属を主張している．両国は1925年に仲裁付託合意を締結し，X島がいずれに属するかを決定するよう求めた．

　A国によれば，X島はC国民が16世紀に発見した島で，19世紀末にA国がC国との講和条約で獲得した島々に含まれている．C国はX島に実効的な支配をおよぼしていなかったものの，A国民の訪島記録は複数残っている．

　他方，B国は，自国が領域主権を有していることは，17～18世紀に先住民の首長たちと締結した一連の宗主権協定や，19世紀末の徴税記録や軍艦の巡航などの事実から明らかであると主張している．

◆**設問1**　A国の主張はどのように評価されるべきか．

◆**設問2**　先住民の首長たちとB国が締結した協定は，X島の帰属問題についていかなる効果をもつものとして取り扱われるべきか．

解　説

　1）本設問は，領域法に関するリーディング・ケースといわれるパルマス島事件を簡略化した設例である．

　2）A国（米国）の主張するX島（パルマス島）に対する領域主権取得の根拠とは，C国（スペイン）からの割譲による承継取得だといえる．講和条約で割譲を行うことは，現代においては，武力不行使原則に違反する行為の結果として締結された条約の無効（条約法条約52条）が確立していることとの関係で問題となりうる．しかし，ある行為の効果は，その行為がなされた時点で有効だった法に従って決定されなければならない．これを時際法の原則という．

3）割譲において，譲渡国は自らが保有しない権利を移転することはできない．したがって，譲渡国であるC国が，自国民による島の発見に基づいて，X島に対する主権を取得したといえるかが問われることになる．19世紀には，無主地の取得は実効的占有を要件とする先占の方式に拠るべきことが確立していた．それにともない，発見はもはや有効な取得方式とはみなされず，せいぜい未成熟権原を与えるにすぎないと解されるようになっていた．しかしながら，上述の時際法の原則により，16世紀における発見の法的効果は，同時代の法に照らして評価されなければならない．

4）16世紀の法では発見が完全な権原を与えていたと仮定した場合，A国としては，C国の権原は，あらかじめ特定されている喪失方式——この設例では遺棄——の要件を満たさないかぎり存続するという，伝統的な方式論に則った主張を行うことが考えられる．しかし，パルマス島事件仲裁判決では，「権利の創設行為を当該権利が生じた当時に有効な法に服せしめる原則と同じ原則により，当該権利の存在——換言すればその継続的な発現——もまた，法の発展とともに課される諸条件に従うことが求められる」という，いわゆる第二の時際法の考えが提示され，領域主権に実効的支配がともなうことを求める19世紀の法に合致するかたちで，スペイン（C国）が割譲の時点まで主権を維持してきたかが問題とされた．つまり，同判決に従えば，伝統的な取得および喪失の諸方式ではなく，C国およびA国とB国のいずれがX島において「継続的かつ平穏な主権の表示」を行ってきたかに基づいて，領域主権の帰属判断を行うべきことになる．

5）近年のいくつかの判例には，「継続的かつ平穏な主権の表示」にあたるものを，エフェクティヴィテ（effectivités）という表現ないし概念の下で扱ったととらえられるものがある．ただし，エフェクティヴィテは元来，ウティ・ポシデティス原則の枠内で，特有の意味をもって用いられてきた語である．よって，その使用の文脈に応じて，意図された意味内容を正しく理解することが肝要である．

6）パルマス島事件仲裁判決では，オランダ（B国）が援用した先住民の首長との協定は，割譲としてではなく，オランダによる「主権の表示」の証拠として取り扱われた．なぜならば，先住民の首長が領域主権の主体となりえないことが，当事国にも裁判官にも当然の前提とされていたからである．これに対して国際司法裁判所は，西サハラ事件勧告的意見（1975年）において，社会的

および政治的組織を有する部族や人民が居住していた地域は，19世紀後半の国際法において無主地とはみなされていなかったと述べた．さらに近年では，16世紀前半に東南アジアで成立したジョホール・スルタン国（Sultanate of Johor）が主権国家（a sovereign State）であり，「継続的かつ平穏な主権の表示」によって領域主権を原始取得したとの認定もなされている（2008年ペドラ・ブランカ事件判決）．

第2問

　西アフリカのA国とB国は，X川を挟んで南北に隣接している．両国は1960年に相次いでC国による植民地支配からの独立を果たしたものの，両国間の全国境線およびX川に点在する島々の帰属は，いずれも未決の状態だった．長年の交渉の末，両国は2001年に紛争を国際司法裁判所に付託する特別合意を締結し，国境線の画定と島々の帰属の決定を裁判所に求めた．付託合意第6条は，本件の適用法規に，「植民地時代から受け継いだ境界線の国家承継すなわち不可侵の原則（the principle of State succession to the boundaries inherited from colonization, that is to say, the intangibility of those boundaries）」が含まれる旨を明記している．

◆設問　付託合意第6条の規定により，本件はどのように裁定されることになるか説明しなさい．

解説

　1）本設問は，国際司法裁判所のベナン＝ニジェール国境紛争事件判決（2005年）を参考にした設例である．

　2）同一の植民地本国から独立した新国家間の国境線は，植民地時代の行政区画線に従うべきであるとの考えを，一般にウティ・ポシデティス原則という．この原則は，19世紀のラテンアメリカにおける旧スペイン植民地の独立を通じて地域的なものとして形成された．20世紀に入り脱植民地化の舞台がアフリカに移ると，「国家の独立達成時に存在した境界線の尊重」（1964年アフリカ統一機構第一回定例首脳会議決議 AGH/Res. 16(I)第2項）が広く唱えられるようになった．複数の植民地本国によって「分割」されていたアフリカの場合，「独立達成時に存在した境界線」は，国内的境界線たる行政区画線のこともあ

れば，植民地時代から国際的境界線として機能していたものもあった．これらのうち，後者の尊重は，国家承継の発生時における国境の不可侵という一般原則の確認とみなすことができる．他方，前者の尊重は，ウティ・ポシデティス原則をアフリカにも適用するという意味をもつ．設例におけるA国（ベナン）とB国（ニジェール）は，ともにC国（フランス）から独立しているので，付託合意第6条はウティ・ポシデティス原則の適用法規性を認める規定だといえる．

　3）旧ユーゴスラヴィア仲裁委員会が1992年に出した意見第三では，ウティ・ポシデティス原則は脱植民地化や分離独立に一般的に適用される原則として確立しているとされ，この理解を支持する学説は多い．国際司法裁判所は，上述の仲裁委員会も依拠したブルキナファソ＝マリ国境紛争事件判決（1986年）において，ウティ・ポシデティス原則の「一般的射程」を強調した．しかし，同事件も含めて，国際裁判でウティ・ポシデティス原則が適用される場合は，本件の付託合意第6条に相当するような，同原則の適用法規性に関する当事国間の合意の存在を確認するのが通例である．

　4）独立時に存在していた行政区画線（ウティ・ポシデティス線）は，植民地本国たるC国の国内法令に代表される，植民地時代の立法的ないし規制的な国内文書（これらは「法的権原」とも呼ばれる）に基づいて決定される（法の上のウティ・ポシデティス）．法的権原が存在しない場合や，法的権原がその対象地域とする領域の範囲を明確に示していない場合には，問題となっている地域を実効的に管轄していたことを示すような植民地当局の行動（「植民地時代のエフェクティヴィテ」ないし単に「エフェクティヴィテ」と呼ばれる）を考慮する．つまり，現在のA国とB国にあたる植民地の各当局が実際に行っていた行政活動を検討することになる．法的権原に反するエフェクティヴィテを考慮することは認められない．独立達成後のA国とB国による実効的支配の状況については，ウティ・ポシデティス線の位置を明らかにするという目的の範囲内でのみ参照される（独立後のエフェクティヴィテ）．

　5）以上のようなウティ・ポシデティス原則の適用によっても，独立時の行政区画線の位置や，島々がいずれの行政単位に割り振られていたかが不明なままにとどまる可能性はある．その場合は，独立達成後のA国とB国による実効的支配を，ウティ・ポシデティス原則とは切り離して，「継続的かつ平穏な主権の表示」の存否という観点から検討することになる（たとえば2007年のカリブ海における領土・海洋紛争事件国際司法裁判所判決）．

【参考文献】
奥脇直也「現状承認原則の法規範性に関する一考察」法学新報 109 巻 5=6 号（2003 年）
太寿堂鼎『領土帰属の国際法』（東信堂，1998 年）
深町朋子「現代国際法における領域権原についての一考察」法政研究 61 巻 1 号（1994 年）
許淑娟『領域権原論 —— 領域支配の実効性と正当性』（東京大学出版会，2012 年）
森田章夫「領土紛争の解決方式」法学教室 161 号（1994 年）

第13章　海洋利用に関する国際法 (1)

論 点

(1) 伝統的海洋法制度──「広い公海，狭い領海」

公海の自由の原則は，海洋を二分して領有したスペイン，ポルトガルという二大覇権国に対抗して，イギリス，オランダなどの新興国が台頭するとともに，植民地と本国との間で海上交通を確保する必要性を背景として成立した．他方で，沿岸の狭い範囲の海域を沿岸国の領域主権の下に置く**領海**制度も徐々に発展した．現行制度では，領海は沿岸から12カイリまで認められる．公海については，**大陸棚・排他的経済水域・深海底**の制度などの成立によりかつての「広い公海」は制限を受けている．

(2) 海洋の海域別区分と機能別区分

公海と**領海**の二元制度は，単純な海域区分であった．現在では，特定の事項についてのみ沿岸国の権利を認める**接続水域**，大陸棚，排他的経済水域の制度が成立しており，海域が機能的に分割されている．たとえば沿岸から200カイリ以内の排他的経済水域では，資源の探査・開発の一環である漁業については**沿岸国の主権的権利**に服するが，同じ海域の航行については，公海の自由が適用される．航行利用から資源利用に比重を移しながら，機能別区分により海域の区分が複雑化してきている．

(3) 基　線

領海，排他的経済水域，大陸棚など管轄海域の幅をそこからはかる線を**基線**という．低潮線による**通常基線**と，著しく屈曲した海岸線や一連の島について採用される**直線基線**とがある．直線基線については，国連海洋法条約7条がいくつかの要件を規定する．直線基線を引けば，通常基線を引いた場合よりも管轄海域が海側へ張り出すので，当該海域を漁場としている他国などとの紛争が生じやすい．

(4) 無害通航権

　領海は，領海沿岸国の領域主権に服するが，海上交通の必要性から外国船舶は**無害通航権**をもつ．**内水**では，無害通航権の制度の適用はない．無害通航権は，国連海洋法条約では，**通航**であること（18条），通航が無害であること（19条）を要件とする．いわゆる「不審船」は，不必要な徘徊を含む点で，通航にあたらないとみなしうる．通航が無害ではないことについては，19条2項で12の例示があるが，それ以外でも，19条1項にいう「沿岸国の平和，秩序または安全」を害することがあるかは解釈が分かれている．

(5) 公海の自由

　公海の自由には，積極的意味と消極的意味がある．積極的意味は，**公海の利用の自由**を意味する．消極的意味は，**公海はいずれの国の主権にも服さない**ことを意味する．漁業資源の保存管理や海洋環境保護のための国際規制が，国連海洋法条約だけでなく個別の条約によっても発展してきている．よって，公海の自由は制限を強められてきている．公海上の船舶は，自国（**旗国**）の排他的管轄権に服することを**旗国主義**という．旗国は，自国の旗を掲げる船舶に対して排他的管轄権を行使して公海秩序の維持をはかる．公海という海域にはいずれの国の主権もおよばないために，公海にある船舶単位で旗国が管轄権を行使することで，公海の秩序がはかられると考えられている．

(6) 臨検による公海秩序の維持

　国連海洋法条約110条は，**海賊・奴隷取引・無許可放送・無国籍船舶・他国の旗を掲げているが臨検をする軍艦と同じ国籍を有するのではないか**，について，疑うに足りる十分な根拠がある場合に，公海上の外国船舶を**臨検**することを認めている．旗国主義の例外を設けて，公海秩序の維持をはかる趣旨である．奴隷取引が臨検の対象として現代的意義をもつかは疑問がある．海賊については，国連海洋法条約101条に定義があるが，深刻ではない暴力行為と財産略奪といった武装強盗，調査捕鯨船舶や海洋投棄船舶に対する妨害行為などを「海賊」と主張するなど，海賊概念を拡大する傾向がある．海賊は**普遍的管轄権**に服する特別な制度であることからすれば，海賊概念の拡大には慎重であるべきである．

(7) 追跡権

　沿岸国は，領海内での国内法令違反を行った船舶を，領海内から追跡を開始して公海まで外国船舶を追跡して当該船舶を停船させ拿捕することができ，こ

れを**追跡権**という．接続水域ではそれにより保護する権利の侵害，排他的経済水域や大陸棚ではそれらに適用のある国内法違反の場合にも追跡権の適用がある．追跡権は，公海まで沿岸国の管轄権がおよぶことを認めて，沿岸国の実効的な秩序維持をはかる制度である．公海の自由の観点からみれば，旗国以外の国が公海上の船舶に干渉するのであるから，追跡権は，公海の自由の原則の例外をなす．

事例演習

◆第1問◆

　A国の領海内でB国の旗を掲げる船舶Xが，彷徨したり，たびたび投びょうや停泊を繰り返している．A国のコーストガードがレーダーや視認により確認したところによると，同船舶Xは，漁船の形状をしている．けれども，Xには，漁船では通常は装備されていないアンテナ等が装備されており，それは，諜報活動に通常用いられる装備である．Xの漁獲活動については，視認できてはいない．また，Xにより違法な漁獲活動が行われたとか，行われようとしているという疑いをもつ合理的な根拠もない．

　A国は，漁業法により外国人には領海内での漁獲を禁止している．同法は，その違反を確認するために必要な場合には，対象船舶に停船命令を発して停船させて乗船検査を行うこと，これを拒否することは検査忌避罪にあたることを規定している．A国には，外国人による諜報活動を規律する法はない．

　A国のコーストガードに属する巡視船Yは，漁業法を適用して，A国領海内にあるXに対して停船命令を発したが，Xはこれに従わずに逃走を開始したので，YはXに対する追跡を開始した．領海内ではYはXに追いつくことはできず，公海上までXの追跡を継続した．公海上でYはXを停船させることに成功した．

　なお，A国もB国も国連海洋法条約の当事国である．

◆**設問1**　B国船舶Xの無害通航権を否定する場合に，国連海洋法条約上でどのような根拠がありうるか．

◆**設問2**　A国船舶Yによる，Xに対する領海内での執行権と公海に至る追跡権の行使は，国連海洋法条約上で正当化されうるか．

解　説

1）本設問は，1999年に，実際に日本が北朝鮮の工作船（工作船と公式に認められる前は「不審船」と称された）に対してとった措置を基礎とする問題である．

2）設問1については，無害通航権は，国連海洋法条約18条の通航要件と，19条の無害ではないこと，という要件により決定される．Xは彷徨したり，たびたび投びょうや停泊を繰り返しているので，18条により通航とは認められないと判断する可能性がある．通航にあたらなければ，Xは無害通航権を行使しているのではなくなる．

3）Xが通航を行っているとすると，Xの無害通航権を否定するには，国連海洋法条約19条により通航が無害ではないことを理由とすることになる．問題文から，19条2項(i)の漁獲活動を理由とすることはできない．Xが同項(d)にいう沿岸国の防衛又は安全を害することとなるような情報の収集を目的とする行為を実際に行っていることが確認されれば，これを理由に無害ではないといえる．ただし，A国には外国人による諜報活動を規律する法はないので，A国がXに対して執行権を行使する根拠となる国内法を欠くことになる．A国による執行権行使の国際法上の問題としては，次の設問2が検討される．

4）設問2については，国連海洋法条約25条は，無害でない通航を防止するために措置をとることを認めているので，仮にXの諜報活動が無害ではないとすれば，これを排除する措置を沿岸国に認められると解される．よって，国際法上は，A国のコーストガードはXに対して無害でない通航をやめさせたり退去強制することは考えられる．

5）国連海洋法条約111条によれば，自国法令に違反した外国船舶が領海内にあるときに追跡を開始して，111条の要件を満たせば公海まで追跡することを認める．本問では，XによるA国の漁業法の違反はいえない．Xは諜報活動に従事している疑いはありうるが，A国コーストガードは，漁業法を適用して停船命令を発し，公海上まで追跡してXを停船させている．Xが漁船の形状をしているというだけでは，本件の漁業法の適用は適当とはいえない．A国のXに対する追跡権の行使は，国内法令違反に対して沿岸国の追跡権を認めた国連海洋法条約111条に適合するかについては疑問が生ずる．ある法令違反の疑いにより追跡して対象船舶を捕獲したところ，別の法令の違反が発見されたという実践はあるが，本件はそのような状況とは異なる．追跡権が公海の自由の原則，公海における旗国主義の原則の例外を構成することに鑑みても，問題

第13章　海洋利用に関する国際法(1)　　85

の行為と関係をもちにくい国内法令の違反を根拠とする追跡権の行使は，適当とは言いにくい．

第2問

公海上のA国を旗国とする船舶Xにおいて，乗組員間でいさかいがあり，B国籍の乗組員がA国籍の乗組員に殺害されて海中に放棄されるという事件が起こった．Xの乗組員からの通報を受けて，たまたま近海にあったB国コーストガードに属する巡視船Yが現場に急行した．

YはXに接近して，停船を要請したが聞き入れられなかった．そこでYがXにB国最寄りの港であるZ港に入港するように要請したところ，Xはこれを聞き入れて，Z港に入港した．

B国はA国と外交交渉を行い，A国に船舶Xと殺害行為の容疑者であるA国籍の乗組員とともに引き渡すことにした．ところがA国は，Xの船長に対しても殺害行為の容疑者であるA国籍の乗組員に対しても，証拠の収集や確保に努めることもなく，しかるべく審理・処罰をせず，船舶登録料を上乗せして徴収するだけにとどめた．

なお，A国では，船舶登録要件が極めてゆるやかであって，一定の登録料の支払いだけで船舶登録が可能になる．

◆設問1　B国コーストガード船舶Yは，公海上で問題文にある以上の措置をとれないのはなぜか．

◆設問2　A国のような旗国は現代的現象であるが，これをなんと呼ぶか．そして，それが公海の秩序維持に与える影響はどのようなものか．

◆設問3　B国は，A国に対してどのような請求をすることがありうるか．

解　説

1）本設問は，タジマ号事件を基礎とした設問である．

2）設問1については，公海においては，旗国主義が原則であって，公海上の船舶の行為に対しては，例外的に国際法の根拠がある場合を除けば，外国船舶に対して干渉することはできない．国連海洋法条約110条は，公海上の外国船舶に対して臨検を実施できる場合を規定するが，設問のような船舶内犯罪

を臨検の対象事項に含めてはいない．よって，B国コーストガード船舶Yは，公海上で船舶Xに接近しても，乗船して検査するなどの措置をとることはできない．

3）設問2については，船舶と旗国との間に，国連海洋法条約91条に規定するような真正な結合がない場合，そのような船舶を便宜置籍船という．設問からもうかがえるように，旗国は登録料収入の獲得には関心をもつが，船舶に対して管轄権を行使する意思か能力もしくはその双方をもたないこともある．このような旗国においては，航行の安全基準，船舶の構造基準などの行政的な規律も緩やかであるか，自国籍船舶にそれらがおよぼされないことが多い．費用の観点から，安価に船舶を建造して運航させることができるために，海運業界において便宜置籍船は競争力をもつ．

4）公海上では，外国船舶に対して干渉することは，国際法の根拠がある場合を除いては許されず，船舶は旗国の排他的管轄権に服する．公海上のすべての船舶に対して，それぞれの旗国が管轄権をおよぼして自国の船舶の秩序ある公海利用を確保することを通じて，公海秩序の維持がはかられている．便宜置籍船に対して旗国が管轄権を行使する意思や能力を欠くとすれば，旗国主義による公海秩序の維持がはかられなくなる結果を生ずることにもなる．

5）設問3については，公海上の船舶は旗国の排他的管轄権に服する．船舶X内で起きた事実についても，旗国A国がこれに対して排他的管轄権をもつ．もっとも，旗国は国連海洋法条約上で，自国船舶に対して排他的管轄権をもつだけではなく，自国船舶に対して支配・管理を行う義務を負っている．B国としては，A国の処理が不適当であると考えるのであれば，国連海洋法条約94条に基づいて，旗国の義務を主張してそれに対する違反を追及することはありうる．

【参考文献】
山本草二『海洋法』（三省堂，1992年）
小田滋『注解国連海洋法条約(上)』（有斐閣，1985年）
栗林忠男＝杉原高嶺編『海洋法の歴史的展開』（有信堂，2004年）
国際法学会編『日本と国際法の100年 第3巻 海』（三省堂，2001年）
兼原敦子「公海制度の現代的意義」法学教室281号（2004年）

第14章　海洋利用に関する国際法(2)

論　点

(1)「新海洋法秩序」における資源利用の比重の増加
20世紀後半以降，**大陸棚，排他的経済水域，深海底**といった資源利用を中心とする海洋制度が成立し発展している．特に排他的経済水域や深海底の制度は，**国連海洋法条約**で成立し，新海洋法秩序の象徴ともされる．それは，多くの途上国が国際社会に参加して，かつての航行利用に対して，資源利用に比重をおく海洋法の形成をはかった結果である．

(2) 領海12カイリ幅の設定
一方で，「狭い領海，広い公海」を支持する海洋先進国は，3カイリの**領海**を主張してきた．他方で，主として沿岸漁業を独占できる領海を拡大する要求が，途上国を中心として主張された．排他的経済水域が新設されて，漁業資源については沿岸から200カイリまでの海域で**沿岸国の主権的権利**が認められるようになると，沿岸国の漁業資源の開発利益は確保されることになった．それを要因として，領海の拡大要求もとどめられて，海洋法の長い歴史の中で，国連海洋法条約により，排他的経済水域制度の新設とともに，初めて領海12カイリの規定が実現した．

(3) 大陸棚と排他的経済水域に対する沿岸国の主権的権利
大陸棚と排他的経済水域の沿岸国は，主に資源の探査・開発についての主権的権利をもつ．大陸棚は陸地から海底への**自然な延長**であって，初めから当然に沿岸国の権利が認められる．排他的経済水域は，国連海洋法条約上の**特別の**(sui generis)制度であって，沿岸国が排他的経済水域を設定する措置を取らなければ，当然に沿岸国の権利が認められるわけではない．また，排他的経済水域の沿岸国は漁業資源の探査・開発につき主権的権利をもつが，**漁業資源の保存管理および最適利用**のために，国連海洋法条約61条及び62条の義務を負う．

(4) 深海底制度

公海海底の資源を自由競争により先進国に独占させないために，途上国が中心となって，「**人類の共同財産**」の観念のもとに，国連海洋法条約では深海底制度が新設された．国際海底開発機構が開発をし，開発利益は衡平に配分することをその制度骨子とする．これに先進国が反発し，条約の批准が進まず，国連海洋法条約の発効を遅らせる主たる原因となった．**1994 年国連海洋法条約第 11 部実施協定**は，国際海底機構の権限を弱め，各国事業体が深海底開発を行う際の義務を軽減するなど，深海底制度の本質に変更を加えている．

(5) 境界画定の法理

国連海洋法条約 74 条と 83 条は，ほぼ同文で，排他的経済水域と大陸棚の**境界画定**に関する規則を定める．それぞれの 1 項は，**等距離原則派と衡平の原則派**との激しい対立の結果，妥協として成立した．国際司法裁判所の実践や仲裁裁判実践では，衡平な解決を達成するために，暫定的に**中間線**ないしは**等距離線**を引いて，沿岸線の長さの均衡や島の存在など**関連ある事情**を考慮して，不衡平があれば矯正するという方法が，繰り返し採用されてきている．また，境界画定が実現するまでに長時間を要することもめずらしくはなく，74 条 3 項と 83 条 3 項が規定する，解決に至るまでの間の紛争当事国の権利義務も重要な問題である．

(6) 国連海洋法条約と地域条約や特別条約

海洋環境の保護と保全に関する国連海洋法条約第 12 部では，権限のある国際機関または外交会議を通じて定められる一般的に受け入れられている国際的な規則及び基準などを参照している．**公海漁業資源の保存・管理**についても，国連海洋法条約 117 条から 119 条は一般原則を定めるにとどめるが，各魚種や地域ごとに漁業資源の保存・管理の条約網が発達している．これらの条約と国連海洋法条約の協働作用で目的が達成される．こうした状況から，国連海洋法条約は**傘条約**（umbrella treaty），枠組条約と呼ばれることもある．

事例演習

◆第 1 問◆

A 国の排他的経済水域で，B 国の漁船 X が，A 国の漁業法に違反して漁業活動を行っていた．また，B 国の海軍に属する軍艦 Y が，自国漁船が公海上で航

行妨害を受けた場合の対応を訓練中であると公言して，軍事演習の実施として，XをはじめとするB国漁船の周囲を航行していた．また，C国の船舶Zが，B国の漁船Xから，A国の排他的経済水域内で違法な漁業活動の成果である漁獲物の転載を受けて，その後，A国の排他的経済水域内を航行していた．A国，B国，C国のいずれも，国連海洋法条約の当事国である．

◆設問1　A国は，B国の漁船Xに対しては，どのような措置をとりうるか，その根拠は何か．

◆設問2　A国は，B国の軍艦Yが軍事演習を実施することに対して，何か措置を取りうるか，そうではないか，その根拠は何か．

◆設問3　A国は，C国の船舶ZがA国の排他的経済水域内を航行しているときに，Zに対して，何か措置をとりうるか，そうではないか，その根拠は何か．

「解　説」

1) 本設問は，サイガ号事件を若干模倣しながら考案した設問であり，排他的経済水域沿岸国の主権的権利の対象事項の範囲と，それに関してとりうる措置について問う問題である．

2) 設問1については，自国の排他的経済水域における外国漁船の違法漁獲に対しては，沿岸国は主権的権利の行使として措置をとることができる．国連海洋法条約73条は，沿岸国が法令の執行のために措置をとりうることを規定している．それによれば，乗船，検査，拿捕及び司法上の手続きを含むとされているので，A国当局は，B国の漁船Xに対して，これらの措置をとることができる．もっとも，A国がとりうる措置について，73条2項の合理的な保証をともなう場合の船舶や乗員の速やかな釈放や，同3項の身体刑を科してはならないなどの制限があることには注意しなければならない．

3) 設問2については，B国の軍艦Yは，軍事演習を実施していると公言している．軍事演習は，排他的経済水域の沿岸国が規制できる事項であるか，国連海洋法条約58条1項に規定する，排他的経済水域にも適用のある公海利用の自由ないしそれらの自由に関連し，およびこの条約のその他の規定と両立するその他の国際法について適法な海洋の利用の一環かに関しては，見解が分か

れている．国連海洋法条約は，軍事演習を，排他的経済水域沿岸国がそれに対して主権的権利や管轄権をもつ対象事項には含めなかった．その点を重視すれば，軍艦Yの行為が，B国漁船Xの違法漁獲行為を共同で実施しているといえるほどのものでないかぎりは，軍事演習は58条1項の規定する海洋の利用の自由の一環と考えることもできる．国連海洋法条約の解釈としてそのように考えれば，A国は，B国の軍艦Yに対しては排他的経済水域沿岸国として措置をとることはできない．仮に，軍艦Yの行為が漁船Xの違法漁獲の共同といえるような場合であっても，軍艦Yは免除を享有しているので，A国がYに対して措置をとることは制限される．

4）設問3については，C国船舶Zは，B国漁船Xから違法漁獲物の転載を受けたという点に注目して，転載も違法漁獲活動の一環であるとみなせば，A国は，排他的経済水域沿岸国として，違法漁獲取締のための措置を，船舶Zに対してもとることができる．他方で，仮に転載を違法漁獲の一環とみなすとしても，現行犯でこれをとらえるべきであるとすれば，転載をすませて航行しているだけの船舶Zは，当該海域で排他的経済水域でも認められる航行の自由を行使しているだけと考えられるので，A国は，船舶Zに対しては措置をとることはできない．この点は，転載を違法漁獲の一環とみなさない場合でも同様である．

◆第2問◆

A国とB国は隣接する位置関係にあるが，両国間には，排他的経済水域と大陸棚の境界画定をめぐって紛争がある．A国もB国も国連海洋法条約の当事国である．大陸棚と排他的経済水域の双方に，単一の境界線を引いて境界画定を行うことについては，両国の見解は一致している．

A国は，衡平の原則に従って関連ある事情を考慮して，衡平な解決を達するように境界画定を行うべきであると主張している．B国は，等距離線によって衡平な解決を達するように境界画定を行うべきであると主張している．想定される等距離線を挟んで，豊富な漁場があって，A国漁民もB国漁民もその漁場で漁獲を行い，毎年高い開発利益を上げてきている．

A国とB国は，付託合意を締結して，この境界画定紛争を国際司法裁判所に付託することにした．付託合意においては，国際法にしたがって，排他的経済水域と大陸棚の双方に単一の境界線をもって境界を確定することが，国際司法

裁判所に請求されている．

◆**設問 1**　排他的経済水域と大陸棚のそれぞれの制度を考慮すると，双方に単一の境界画定線を引くことはいかに評価されるか．

◆**設問 2**　国際司法裁判所は，本件の境界画定に国連海洋法条約の関連規定をどのように適用するか，また，どのような事情を考慮するか．

┌─ 解　説 ─────────────────────────────
1）本設問は，メイン湾海洋境界画定事件を基礎として考案された設問である．

2）設問1については，排他的経済水域と大陸棚とでは，沿岸国が主権的権利や管轄権をもち得る対象事項が相違しているし，それぞれにおける開発対象の資源も相当に相違している．ゆえに，沿岸国がもつ利害関係は，大陸棚と排他的経済水域とでは相違することが想定される．それを考慮すれば，境界画定に関連する事情は，大陸棚の場合と排他的経済水域の場合とでは相違するはずであり，両者の境界画定線は，相違したものになるのが自然な結果である．

もっとも，メイン湾海洋境界画定事件以来，当事国が大陸棚と排他的経済水域に単一の境界線を求める実践が集積してきており，慣行化しているともいえよう．それにしたがえば，本件でも，A国とB国という当事国が単一の境界線を引くことに合意しているのであるから，この点を問題にする必要はないといえる．

3）設問2については，A国もB国も国連海洋法条約の当事国であるため，境界画定に関する規定としては，排他的経済水域についての74条1項と大陸棚についての83条1項の適用が考えられる．両規定の内容は同様である．同規定は，衡平の原則派と等距離原則派との対立の結果，妥協として，衡平な解決を達成するようにと規定する．これらの規定の適用のあり方としては，リビア＝マルタ大陸棚境界画定事件以来，衡平な解決を達成するためには，まず，等距離線ないしは中間線を暫定的に引いて，関連ある事情を考慮して不衡平があればこれを是正するという方法が，司法裁判・仲裁裁判のいずれの実践でも繰り返されてきている．2009年の黒海における海洋境界画定事件でICJは，第一に，暫定的等距離線を引き，第二に，衡平な解決に達するために関連ある事情を考慮し，第三に，両国の海岸線の長さの比例性と両国の関連区域の比例性により，暫定線を検証するという方法をとった．この三段階の方法は，2012年のバングラデシュとミャンマー間のベンガル湾の境界画定事件で，国際海洋

法裁判所によっても採用された．

　4）排他的経済水域と大陸棚は，沿岸から200カイリまでの距離であり，距離を根拠とする制度である．なお，本問は，200カイリを越える大陸棚の制度は関わらない．制度の根拠と境界画定とでは問題は相違するが，制度の根拠を尊重するように境界画定を行うことは適当であるといえることも，距離を基準とする等距離原則に基づいた等距離線・中間線方式に，一定の支持を与えよう．本件でも国際司法裁判所は，等距離線を暫定的に引いた上で，関連ある事情を考慮して，必要があれば衡平な解決を達成するために矯正すると予測される．

　5）関連ある事情としては，一般的には，資源の分布状況，島の取扱いを含めて地理的・地形的要因・地質的要因，地理的海岸線の長さと大陸棚面積との比例性，海岸線の長さの比例性などが挙げられるが，設問では，等距離線を挟んで豊かな漁場が存在することが関連ある事情の1つと考えられる．これについては，共同開発区域を設定するという判断もありえよう．

【参考文献】
栗林忠男『注解国連海洋法条約(下)』(有斐閣，1994年)
高林秀雄『国連海洋法条約の成果と課題』(東信堂，1996年)
水上千之『排他的経済水域』(有信堂，2006年)
村瀬信也＝江藤淳一編『海洋境界画定の国際法』(東信堂，2008年)

第 15 章　その他の地域および空間

論 点

(1) 国際化地域とは何か

　伝統的国際法では，**領域主権の設定の可否および有無を基準とした空間規律**が基本であった．すなわち，国家領域，無主地，国際公域という 3 つの区分による把握である．しかしながら現代では，海洋において顕著なように，単一の国家の排他的かつ包括的な領域主権に服する国家領域とも，領域主権の設定が禁止される国際公域とも異なる領域的地位がさまざまに認められることにより，国際法上の空間秩序は**複雑かつ多元的な構造**を備えるに至っている．このうち，国家領域または領域主権の設定が可能な地域について，領域主権の適用を一時的に排除したり，領域主権を条約で制限して国際的な利用に開放したりする場合などを，一般に**領域の国際化**といい，その対象地域を**国際化地域**と呼ぶ．もっとも，国際化地域の中に国際公域を含める見解も存在するように，国際化地域という概念ないし分類は必ずしも確立したものというわけではない．国際化地域として講じられる代表的なものには，委任統治地域・信託統治地域，南極，国際河川・国際運河がある．

(2) 委任統治地域・信託統治地域の意義

　国際連盟規約で創設された**委任統治制度**を引き継いで，国際連合憲章 12 章に規定された**信託統治制度**は，「国際の平和及び安全の増進」と住民の「自治又は独立」の促進を主な目的として，国連が施政権者たる国家と信託統治協定を締結し，国連の監督下で施政を行わせるものである．委任統治地域・信託統治地域は，単一の国家の排他的かつ包括的な領域主権にではなく，連盟ないし国連と受任国ないし施政権者に分化して委ねられた**機能的権限**に服するものと解されており，独自の領域的地位をもつものといえる．すべての信託統治地域はすでに独立を達成しているが，その一方で国連は，平和維持活動（PKO）の文脈を中心とした暫定的な**領域管理ないし統治**への関与例を積み上げてき

ている．この現代的な領域管理権限の法的性質や，対象地域の法的地位を明らかにするためにも，委任統治制度・信託統治制度の正確な理解は重要である．

（3）南極の法的地位

1959年に成立した**南極条約**は，南極に対する領域主権の設定を主張する**クレイマント諸国**と，それを否定する**ノンクレイマント諸国**の対立，およびクレイマント諸国間の重複請求の問題を，**領土権・請求権の凍結**という形で棚上げしたうえで，平和利用の徹底と国際科学協力の推進のために，**協議国会議**をはじめとした南極の管轄と利用を管理する国際制度を創設した．このように南極では，領域主権について未決の状態が維持されつつも，その設定可能性自体は否定されないことから，国家領域，無主地，国際公域のいずれでもない独自の領域的地位が創設されたといえる．

（4）**国際河川・国際運河における領域主権の制限**

国際法上，複数の国を貫流する河川および複数の国の国境をなす河川のうち，その利用が条約によって国際的な規制の下に置かれているものを**国際河川**といい，単一国の領域内に作られた海洋と海洋を結ぶ人工の水路で，外国船舶の自由航行が条約で認められているものを**国際運河**という．両者は依然として，沿河国ないし領域国の**内水**ではあるものの，当該河川ないし運河の国際化を規定する条約の範囲内で，領域主権の行使には一定の制限が課されている．河川の国際化は，伝統的には**航行利用**に関して行われてきたが，水資源の利用や水質保全への関心の高まりとともに，関連する地下水も含めた**国際水路の非航行利用**をめぐる問題が大きく取り上げられるようになっている．

（5）空　域

領土と領水の上空は当該領域国の領域主権に服する**領空**とされる．他方で，それ以外の空域は，すべての国が自由に利用できる**国際公域**とみなされる．つまり空域では，伝統的な二元的空間秩序が維持されているといえる．ただし，一部の国は国内法により，領海に隣接する公海上空に**防空識別圏**を設定し，圏内に侵入する航空機に一定の情報提供を要求している．学説上は国際法違反との批判が根強いものの，関係国から特段の異議は出されておらず，従来の二元的秩序の変更につながるかが注目される．領空では領海と異なり，**無害航空の自由**が認められておらず，航空機が領域国の許可なく他国領空に侵入すれば国際法違反となる（**領空侵犯**）．そこで，たとえば国際民間航空の中心を占める**定期国際航空**の場合は，諸国間に網の目のように張りめぐらされ

た**二国間航空協定**によって，定期国際航空に不可欠な5つの許可ないし特権（空の自由）を領域国が相互に付与する方法が採られている．二国間航空協定にはいくつかの雛形があり，米国は1990年代から，自由化ないし規制緩和を特徴とする**オープンスカイ**型の協定を積極的に推進している．

（6）宇宙空間

宇宙は，特定の国による領域主権の設定が禁止され，すべての国にその利用が開放される**国際公域**である．空域との間の境界画定については，その要否や基準が未だ定まっていない．**宇宙条約**およびその関連諸条約によれば，天体を含む宇宙空間にある宇宙物体とその乗員に対する管轄権および管理の権限は，宇宙物体の**登録国**が保持する．登録国の地位は，4種の**打上げ国**のいずれかが当該宇宙物体を自国の登録簿へ記載し，その登録を国連事務総長に通報すること（国連登録）で発生する．宇宙空間における活動は，その主体が国家か非政府団体かを問わず，損害防止の保証という側面で生じる責任と，実際に生じた損害に対する事後の賠償をめぐる責任の両者について，国家が国際責任を負う（**国家への責任集中原則**）．賠償責任に関しては，地上の物理的損害および飛行中の航空機への損害につき**無過失責任原則**が採用されていることも特徴的である．しかし近年では，**宇宙商業化**の急速な進展の結果，その実態に即した損害防止および損失配分のあり方の追求が重要な課題となっている．

事例演習

第1問

X川は，その上流から下流に向かって，A国，B国，C国を貫流してY海に至る河川であり，内陸国のA国にとっては海洋に出入りできる唯一の可航水路である．B国では，近年の工業発展で逼迫が予想される電力需要に対応するために，X川に水力発電所の建設が計画された．B国は工事開始予定の6か月前に，計画概要をA国とC国に通報した．A国とC国は，船舶の航行や下流域での灌漑に害が及ぶのを懸念して，計画に反対する旨をB国に伝えた．B国は，航路には一部変更があるものの航行は確保されること，流量変化を抑制する対策は十分にとられており，下流域での水利用に悪影響は生じないことなどを説明する回答を行った．しかし，A国とC国は納得せず，なおも反対の立場を表明した．結局，B国は計画の実施をA国とC国に通告した上で，予定通り工事

を開始した．なお，X川については3沿河国間で，「X川の航行制度に関する条約」（以下，X川条約）が締結されており，同条約の1条と3条は以下のように規定している．

〈第1条〉 X川の航行は，自由であり，かつ，入港税および航行税ならびに通商上の航行に課せられる条件に関して平等の条件の下で，あらゆる国の国民，商船および貨物のために開放される．この規定は，同一国の港の間の航行には適用しない．

〈第3条〉 X川の沿河国は，X川の自国の区域を河川船舶に対して，また，適当な区域については海上船舶に対して，その航行が可能な状態に維持し，航行の条件を確保しかつ改善するために必要な工事を実施し，さらにX川の航行可能な水路における航行を阻止または妨害しないことを約束する．

◆**設問** B国がA国とC国の同意を得ずに工事を開始したことは国際法上許容されるか．なお，水質汚染等の環境危険の問題は考慮しない．

[解 説]

1）本設問は，スペインとフランスの間で争われたラヌー湖事件を参考に創作した設例である．

2）まず，B国の水力発電所建設計画そのものが国際法上許容されるかを検討する．X川は，その航行利用につきX川条約によって国際化された河川といえる．すなわち，航行の自由が沿河国のみならず，すべての国に認められ，沿河国には河川を「航行が可能な状態」に維持する義務が課されている．よって，B国の計画はこの義務に合致するものでなければならない．他方，X川の非航行的利用に関しては，個別的合意の存在は言及されていない．しかし，法典化条約としては，1997年に採択された「国際水路の非航行的利用の法に関する条約」（以下，国際水路非航行的利用条約）があり，国際水路の衡平かつ合理的な利用の原則（5条）と，当該利用により他の水路国に重大な害を生じさせない義務（7条）を規定している．同条約自体は未発効であるものの，上述の原則および義務は，一般国際法上も確立しているとの考えが有力である．したがってB国の計画はこれらにも合致する必要がある．ただし，どのような利用が衡平かつ合理的で，どのような害が避けるべき重大な害であるかは，すべての関連事情を考慮したうえで判断されるため，結論は個別事情によって大き

く異なりうる．

3）仮に，上記の検討により，水力発電所建設計画そのものは国際法上許容されるものであるとの結論が得られた場合，A国とC国の事前同意の不在によりB国の工事着手が国際法違反行為となりうるか．貫流河川の自国領域内の利用につき，他の沿河国の事前同意を得る一般国際法上の義務は，ラヌー湖事件仲裁判決において明確に否定されている．同判決は他方で，他の沿河国と事前に誠実に協議をすることを要求する国家実行の存在を指摘しており，国際水路非航行的利用条約にも，水路国が他の水路国に重大な悪影響を与える可能性のある計画措置を実施または許可する前に，被影響国に対して当該措置について通報，協議，交渉する義務が定められた．今日では，沿河国間の事前協議義務は一般国際法上の義務とみなされるようになっている．したがって，A国とC国の事前同意の有無によってではなく，それらの国々との事前協議義務をB国が果たしたといえるか否かによって，B国の工事着手が違法とみなされる可能性はあるだろう．

◆ 第 2 問 ◆

高度約790 kmの極軌道で，A国の軍用通信衛星XとB国籍のY社が保有する通信衛星Zが運用中に衝突し，ともに完全に破砕する事故が発生した．

XはA国領域から打ち上げられ，A国によって国連登録された衛星であった．他方，ZはC国内にあるA国が管理する射場からA国のロケットで打ち上げられたが，いずれの国による国連登録もなされていなかった．なお，A国，B国，C国はすべて，宇宙条約，宇宙損害責任条約（以下，損害責任条約），宇宙物体登録条約の当事国である．

◆設問　A国は，損害責任条約に基づき，Xの破壊によって生じた損害の賠償をB国に求めることができるか．

解 説

1）本設問は，2009年2月10日に発生した，ロシアの軍用通信衛星コスモス2251と米国籍イリジウム社の通信衛星イリジウム33の衝突事故をモデルにした設例である．ただし，実際のコスモス2251は事故の十数年前に機能を喪失し，スペースデブリ（宇宙ゴミ）として軌道上を周回していたものであった．

2）Xの破壊を引き起こした宇宙物体Zを保有し運用するのは私企業Yである．しかし，宇宙条約およびその関連諸条約によれば，宇宙空間における活動は，その主体が国家か非政府団体であるかにかかわらず，国家が専属的に国際責任を負う（宇宙条約6条）．宇宙物体が損害を引き起こした場合の賠償責任については，当該宇宙物体の打上げ国がそれを負うこととされる（同7条）．打上げ国とは，①宇宙物体の打上げを行う国，②宇宙物体の打上げを行わせる国，③宇宙物体がその領域から打ち上げられる国，④宇宙物体がその施設から打ち上げられる国を指す（損害責任条約1条(c)）．これを設例にあてはめると，Xの打上げ国がA国であり，Xの破壊を引き起こした宇宙物体であるZの打上げ国にC国（③）とA国（④）が該当することは，いずれも一見して明らかである．よって，Zの引き起こす損害につき，C国とA国は賠償責任を負っているといえる．

3）しかしながら，設問ではB国への求償可能性が問われている．すなわち，C国およびA国とならんで，B国もZの打上げ国といえるかを検討しなければならない．宇宙物体を保有し運用する私企業の国籍国という立場が，①，③，④に該当しないことは明白なので，問題はB国を②（打上げを行わせる国）とみなせるか否かである．かつては②を，「国家の責任で公式に他国に委託して，打上げ業務の提供を受ける国」と限定的に理解する立場もあった．しかし，商用衛星の増加や打上げサービス業の登場などにより，衛星運用企業の国籍国を「打上げを行わせる国」とみなして打上げ国の数を確保することが，損害が発生した場合の被害者保護の観点から望ましいとの主張が一定の支持を得るようになった．実際にも，自国の衛星運用企業が外国から打ち上げた衛星を国連登録する国が，相当数存在する．登録国になることができるのは①から④の打上げ国のいずれかのみであるため，こうした実行は結局，衛星運用企業の国籍国が②と認識されることを意味する．とはいえ，国家実行は未だ一様ではなく，衛星運用企業の国籍国が②に含まれるとの解釈が確立したとまではいえないとの見方が有力である．したがって，登録を行っていなかったB国が，自国は打上げ国ではないとの立場を明確に主張するとすれば，それを覆す証明を行うのは容易ではないことが予想される．

4）打上げ国が複数存在する宇宙物体の場合は，引き起こされたいかなる損害についても，すべての打上げ国が連帯して賠償責任を負う（損害責任条約5条）．ただし，被害国は一つの打上げ国に賠償の全額を請求してもよい．その場合に

賠償を支払った打上げ国は，他の打上げ国に対して求償する権利を有する（同条）．

5）賠償が求められる損害とは，第一に人の死亡もしくは身体の障害とその他の健康の障害であり，第二に国，自然人，法人等の財産の滅失もしくは損傷である（損害責任条約1条(a)）．運用中のXの破壊は後者にあたると考えられるが，2009年の衝突事故におけるコスモス2251は，前述のようにスペースデブリとして軌道上を周回していたものであったため，条約上の「損害」が発生したとは認められない可能性が高い．設例においては，宇宙物体が他国の宇宙物体に地表以外の場所で損害を与えているので，打上げ国は損害が自国の過失または自国が責任を負うべき者の過失によるものである時にかぎり責任を負い，無過失責任原則の適用は受けない（同3条）．被害国による賠償の請求は，原則として損害発生の日，または損害につき責任を有する打上げ国を確認した日から1年以内に，打上げ国に対して外交上の経路を通じて行わなければならない（同9, 10条）．打上げ国の国内裁判所で損害賠償請求を行うことも認められているが，しかし，当該請求が国内裁判所において行われている間は，損害責任条約に基づく国家間の請求を行うことはできない（同11条）．

【参考文献】
青木節子『日本の宇宙戦略』（慶應義塾大学出版会，2006年）
青木節子「宇宙の探査・利用をめぐる『国家責任』の課題 —— コスモス2251とイリジウム33の衝突事故を題材として」国際法外交雑誌110巻2号（2011年）[25-49頁]
池島大策『南極条約体制と国際法 —— 領土，資源，環境をめぐる利害の調整』（慶應義塾大学出版会，2000年）
国際法学会編『日本と国際法の100年 第2巻 陸・空・宇宙』（三省堂，2001年）
児矢野マリ『国際環境法における事前協議制度 —— 執行手段としての機能の展開』（有信堂，2006年）
柴田明穂「南極条約体制の基盤と展開」ジュリスト1409号（2010年）[86-94頁]
山田哲也『国連が創る秩序 —— 領域管理と国際組織法』（東京大学出版会，2010年）
山本良「国際水路の非航行的利用における『衡平原則』の現代的展開」村瀬信也＝鶴岡公二編『変革期の国際法委員会』山田中正大使傘寿記念(信山社, 2011年) [297-317頁]

第 16 章　国際法における個人

論点

（1）国籍の機能と決定
　近代ヨーロッパにおいて初めて登場した国籍の制度は，**私人（自然人と法人）をある特定の国家に所属させる法的な紐帯**である．私人はどこに所在しようとも国籍国の**属人的管轄権**の下に置かれるとともに，国家は自国民に対して**外交的保護権**を有する．国籍の付与はそれぞれの国家の法令による．出生による付与としては**血統主義**と**生地主義**がある．これ以外に，**婚姻・養子縁組，帰化**による国籍付与の方式もある．

（2）国籍の国際的対抗力と抵触
　国内法上有効に与えられた国籍であっても，常居所や職業活動の本拠など，私人と国籍国との間に「真正な結合」がない場合には，**国際的対抗力**が認められないことがある（**真正連関理論**）．また，国家により国籍付与の条件が異なることもあって，2つ以上の国籍を持つ者（**重国籍者**），あるいは，国籍をまったく持たない者（**無国籍者**）が生じる．国内法や条約で，こうした国籍の抵触を回避するための方策が規定されていることもある．

（3）外国人の法的地位
　外国人の出入国については，基本的にはそれぞれの国家の国内法によって規律されるものの，一般国際法や条約の規律もかなりの程度およぶようになってきている．在留外国人にどの程度の権利・義務を認めるかについては，基本的には国内法や通商航海条約などの条約の規律に委ねられている．一般国際法上は，**日常生活を営むうえで必要な権利能力や裁判の当事者能力**など，一定の待遇・保護を保障すべき義務を負うにとどまる．

（4）国際法における難民問題
　難民問題に対処する国際的なシステムの発展がみられるようになっていくのは，とくに第2次世界大戦以後のことである．冷戦構造の中で「**自由の戦士**」

(東側からの「逃亡者たち」）としての難民が多数発生した．1960年代以降になると，こうした難民とは異なる新しい形の難民（「新難民」と呼ばれる）がアフリカ，アジアなどで爆発的に発生した．

（5）難民の定義と庇護

難民の定義は複数存在する．1951年の難民条約（さらには1967年の難民議定書）に規定される，いわゆる「条約難民」は，「**迫害を受けるおそれがあるという十分に理由のある恐怖**」をもっとも重要な要件とする，相当に厳格な定義となっている．これに対して，**国連難民高等弁務官事務所（UNHCR）の「援助対象者」**は，上記の新難民も含み得るような広い定義となっている．難民の追放・送還の禁止（ノン・ルフールマン原則）は確立した一般国際法であるが，庇護を求める個人の権利は一般国際法上はなお確定していない．

（6）国際違法行為責任と個人の国際犯罪

個人の行為が，国際的な場面で，国家の国際違法行為責任を生じさせる場合がある（私人行為の国家行為への転換）．また，**公海上の海賊**や**麻薬取引**や**奴隷売買**など，個人の国際犯罪とみなされる行為も存在してきた．特に20世紀後半以降，個人の国際犯罪の範囲は相当程度に拡大してきており，これらの犯罪を裁く裁判所も，**国際刑事裁判所**など，いくつかの国際裁判所が設置され，活動を行うようになってきている．

（7）個人の国際犯罪の諸類型

個人の国際犯罪の分類の仕方にはさまざまなものがある．一般には，2つ以上の国家の刑法と刑事管轄権に触れることになる**外国性をもつ犯罪**と，国際法上直接に犯罪とされ，その責任を追及される**国際法上の犯罪**とに分けられる．後者はさらに，刑事責任の追及が国内法に委任して行われるか，国際法に直接に準拠するかにより，**諸国の共通利益を害する犯罪**と，**国際法違反の犯罪**に分けられる．

（8）逃亡犯罪人の引渡し

自国領内の犯罪人を他国からの引渡請求に応じて，訴追あるいは処罰のために当該国家に引き渡すことを逃亡犯罪人の引渡しと呼ぶ．一般国際法上国家には**引渡義務**はない．**引渡条約**が存在する場合には，引渡しは条約上の義務となる．また，国内法に基づいて，相互主義を条件として，引き渡すこともある．引渡犯罪が引渡請求国と被請求国の双方の法令において犯罪とされていること（**双罰性の原則**），また，引渡しの理由となった犯罪以外の犯罪については原則として訴追・処罰できないこと（**特定性の原則**）が求められる．

事例演習

◆第1問◆

　A国国籍を有するXは，長らくB国を本拠として事業活動を行ってきた．A国にはときどき事業活動のため帰国していたが，常居所はB国であった．A国の隣国であるC国には，弟が住んでいるため，数回訪問することがあった．

　第2次世界大戦が勃発する約半年前の1939年3月に，XはB国を離れ，A国に戻り，C国への短期滞在を数回繰り返した．そうした中で同年10月初めC国に滞在していたXは，C国への帰化申請を行った．C国は，約1週間後にXの帰化申請を認める正式の決定を行った．

　翌年初め，Xは，B国に戻り事業活動を再開した．帰国直後Xは，B国外務省に外国人登録の変更を申請し，1週間後に承認された．また，数ヵ月後には市民登録局から，C国民として登録されているという証明書が発行された．なおA国は，XのA国籍喪失を証明する文書を発給していた．

　1943年になって，A国とB国が交戦関係にあることを理由として，XはB国当局により逮捕され，D国に引き渡され，そこで敵国人として抑留生活を送った．戦後の1946年に解放されたXは，B国に入国しようとしたが拒否された．そのため，C国に向かい，その地に逗留した．B国は，1949年になって国内法の規定に基づき，補償をいっさいすることなく，B国内のXの全財産を収用した．

　C国は，収用を違法とするXの請求を取り上げて，外交的保護権に基づき，B国を国際司法裁判所に提訴した．

◆設問　C国がXに付与した国籍は，外交的保護権を行使するために有効な国籍といえるか．

【解説】

　1）本設問は，ノッテボーム事件（1955年国際司法裁判所第2段階判決）に基づく問題設定である．

　2）どのような私人にどのような条件で国籍を付与するかについては，原則として各国が自国の法令に基づいて独自に定めることができる．国籍の決定は国内管轄事項である．このことは出生による国籍付与だけではなく，帰化の場

第16章　国際法における個人

合にもあてはまる．一定期間の居住，年齢や行為能力，素行，独立の生計能力などといった，帰化の条件は，あくまでも各国の国内法によって規定される．たとえば，居住については，日本の国籍法では5年以上の居住（配偶者が日本国民の場合には3年）が必要とされている．しかし，一般国際法上の規律が存在しない以上，たとえば1ヵ月以上の居住期間があれば帰化の条件を満たすとする国内法の規定もありえることになる．

この点からすれば，C国（リヒテンシュタイン）がX（ノッテボーム）に与えた国籍がC国の国内法に規定する諸要件を満たしていれば，C国国内法上なんらの違法性はなく，有効な国籍付与であるとみなされる．Xは，A（ドイツ）国籍を喪失し，C国籍のみを有することになったのである．

3）問題は，外交的保護権を行使する際の要件とされている，国籍継続の原則が満たされているかという点である．すなわち，国籍付与の要件は各国家が独自に定めることができるとしても，外交的保護権行使の要件である国籍として有効であるか，言い換えればC国がXに付与した国籍がB国（グァテマラ）に対して対抗可能であるか（国際的対抗力），という問題である．

ノッテボーム事件判決において国際司法裁判所は，私人と国籍国との間に「真正な結合」がない場合には，外交的保護権を発動できないと判示した．「真正連関理論」と一般に呼ばれる考え方であり，常居所や職業活動の本拠などの実質的な連関が必要であるとする．

もっとも，この考えは，重国籍者について実質的な連関の強い方の国籍国のみによって外交的保護権が行使されるべきであるとする，実効的国籍の原則が適用されたものともとらえられる．本件のように，A国籍を既に喪失し，C国籍のみを保有するXについて，この原則を適用すれば，Xのために外交的保護権を行使できる国家は存在しないということになってしまう．そのため，こうしたとらえ方に対する批判は強い．

◆第2問◆

A国民であるXは，隣国のB国の首都C市内において，金銭的トラブルから，A国民であるYを刃物で刺殺した．XもYも，主としてA国とB国間の貿易活動のために査証を取得の上，長期間にわたってB国に滞在していた．また，A国へも頻繁に行き来していた．事件後，B国の警察に自首してきたXは，計画的にYを殺害したことを認めている．

B国は，自国領域内での犯罪行為であり，自国での訴追を検討していた．そうしたなかで，A国は，自国民の国外犯に該当するとして，A国での裁判が望ましいと主張し，B国に対してXの引渡しを請求した．AB間には，逃亡犯罪人引渡しに関する条約は存在しない．

◆設問　B国は，A国の逃亡犯罪人引渡請求を拒否した場合，国際法違反行為を行ったことになるか．

解説

　1）本設問は，架空の問題設定である．

　2）逃亡犯罪人引渡しの制度は古くから存在する（ごく始原的なものとして，紀元前1270年のエジプトのラアメス2世とヒッタイトのハットゥシリシュ3世との条約参照）．家産国家観念の強かった，中世から近世初期のヨーロッパにおいては，政治犯罪人のみを引き渡すという慣行が一般的であった．しかし，フランス革命を契機として，逆に政治犯罪人は引き渡さないという慣行のほうが一般的となっていった．

　3）「逃亡犯罪人」という日本語訳のためもあってか，この制度は，引渡請求国の領域内で罪を犯して外国へ逃亡してきた者についてのみ適用されるという誤解が生まれやすい．そうした事例が圧倒的な多数を占めるのは間違いないものの，そうした事例に限定されるわけではけっしてない．本件事例のように，引渡しを請求される国家の領域内において罪を犯したという事例も対象となりうる．さらにいえば，請求国の領域（請求国に登録された船舶や飛行中の飛行機内を含む）の外で行われた犯罪が対象となるのであって，被請求国の領域内だけではなく，第三国で罪を犯して被請求国の領域内に逃亡してきたという事例も含みうることになる．逃亡犯罪人の「逃亡」とは，引渡請求国の裁判権から逃亡していることを意味している．

　こうした請求国の領域外の犯罪の場合には，被請求国は，当該犯罪が請求国の国民によって行われたものであるとき，または，被請求国の領域外（つまり第三国）において行われた犯罪の場合には自国の法令でそのような犯罪を罰することとしているとき（「双罰性の原則」の適用）に限り，引き渡すとされるのが通例である（日米犯罪人引渡条約6条1項，日韓犯罪人引渡条約7条など参照）．

　4）本事例の場合，犯罪は被請求国の領域内で行われているし，当該犯罪は

第16章　国際法における個人　　105

請求国の国民によって行われている．そこで，引渡しにあたっては，双罰性の原則と特定性の原則を満たしていることが必要となる．まず，A国の国内刑法上，自国の領域外での殺人が国外犯として処罰の対象となっていることが求められる（日本国刑法3条6号参照）．また，B国の国内刑法上も犯罪として規定されていることが必要である．さらに，A国は当該殺人罪についてのみ訴追・処罰できるのであり，それ以外の犯罪であって，引渡しの前に行われたものについては，原則として訴追・処罰できない．

以上の条件を満たせば，B国はXをA国に逃亡犯罪人として引き渡すことができることになる．犯罪人引渡しの手続きなどについて国内法がある場合には（日本の場合には逃亡犯罪人引渡法），それに従う必要がある．

なお，AB間には犯罪人引渡条約がないことから，条約上の義務として引渡義務は存在しない．また，一般国際法上国家には引渡しに応じる義務は存在しない．

以上のことからすれば，特定性の原則も含めて，引渡しについてのすべての要件が満たされている状況においてB国がXの引渡請求に応じなかったとしても，B国は国際法違反行為を行ったとはみなせない．いうまでもなく，一般国際法上の諸要件をすべて満たした引渡しを行えば，国際法違反行為にはならない．逆に，諸要件を満たしていない引渡しは，国際法違反行為とみなされることになる．

5）なお，最近の国際人権法の発展に伴い，特に死刑廃止国から死刑存置国への引渡しが大きな問題となっている．仮にA国が死刑存置国でB国が死刑廃止国であるとすると，この点も考慮すべき事項となることもありうる．もっとも，現状では，そうした状況でB国がXを引き渡したとしても，ただちに国際法違反行為を行ったとみなすのは，一般的には困難である（なお，第18章の「事例演習」第1問の解説も参照）．

【参考文献】

芹田健太郎『亡命・難民保護の諸問題Ⅰ──庇護法の展開』（北樹出版，2000年）

手塚和彰『外国人と法〔第3版〕』（有斐閣，2005年）

古谷修一「個人の国際責任と組織的支配の構造」国際法外交雑誌109巻4号（2011年）

山本草二『国際刑事法』（三省堂，1991年）

「特集『国籍法違憲訴訟最高裁大法廷判決』」ジュリスト1366号（2008年）

UNHCR『世界難民白書2000』（時事通信社，2001年）

第 17 章　人権の国際的保障(1)

論　点

(1) 伝統的な国際法における人権問題の位置づけ

人間の**自然権**としての**人権**の概念は，それをより良く確保するために政府を組織するという**社会契約論**と一体となって，18世紀末以降，近代自由主義政治原理の中核となったが，それはあくまで，各国内の憲法体制下においてのことであった．対等な主権国家間の法として確立した伝統的な国際法の枠組みでは，国家が領域内の人をどのように処遇するかという問題は，領域主権を行使する国家の**排他的な管轄権**に服する事柄であって，原則として国際法の規律するところではなかった．

(2) 外交的保護の制度による外国人の保護の性格

伝統的な国際法の枠組みにあっても，19世紀半ば以降は，世界的に通商・布教活動を展開した欧米列強諸国の主張を背景に，**在外自国民の保護**に関する法規範が発展し定着した．外国人が在留国で身体や財産に損害を被り，適切な保護を受けられなかった場合，当該外国人の**本国**（国籍国）が在留国に対して救済を求めることができるという**外交的保護**がそれである．このように外交的保護の制度は元来，在外自国民の待遇に関して一定の最低基準に違反した場合の国家間の申立制度としての性格をもっていた．他方で，第2次大戦後の国際人権規範の発展にともない，近年は，国際人権基準の違反を主張する国家間の申立てにも用いられるようになった．ただし，外交的保護はあくまで国家間での問題処理であり，その権利を行使するかどうかは国家の裁量に委ねられるという点は従来と変わっていない．

(3) 人権保障の国際化

人権保障の国際化の契機となったのは，ドイツなどの枢軸国によって大規模な人権弾圧と近隣国への侵略が行われ，連合国が戦争目的として，基本的人権の擁護を掲げた**第2次世界大戦の経験**であった．連合国は，戦後の平和組織

として構想した国連の設立文書（国連憲章）の中に，人権への言及を盛り込んだ．国連は，国際平和の維持を最たる目的としつつ，「**人種，性，言語，宗教による差別なくすべての者のために人権及び基本的自由を尊重する**」よう助長奨励することについての国際協力を目的の1つに掲げた（憲章1条3項）．これにより，国家の**自国民を含め**国籍に関わりないすべての人の人権という普遍的人権の概念とその促進に向けての国連の役割が，戦後の国際法秩序の基幹部分に明確に組み込まれた．

（4）国連の下での「国際人権章典」

国連憲章は，保障されるべき人権の具体的な内容を規定していないため，国連の発足後，人権委員会（当時）において，国際的な権利章典（国際人権章典）の作成が行われた．まず1948年には，すべての人民と国が達成すべき共通の基準という趣旨で，国連総会決議により**世界人権宣言**が採択された．続いて1966年には，人権基準を条約化した**国際人権規約**が国連総会で採択された．具体的には，「**経済的，社会的及び文化的権利に関する国際規約**」ならびに「**市民的及び政治的権利に関する国際規約**」である．2つの国際人権規約は，それぞれ，社会権的な諸権利と自由権的な諸権利を主に規定しているという趣旨で，社会権規約，自由権規約と略称されることもある．

（5）2つの国際人権規約における締約国の義務

国際人権規約が，単一の条約でなく2つに分けて採択されたのは，国家の財政能力に依存する部分が大きい経済的，社会的及び文化的権利と，司法的救済によって容易に実現が可能な市民的及び政治的権利とは，国家の義務も履行確保措置も異なるものとすべきとの意見が強かったためである．自由権規約は，締約国は権利を「尊重し及び確保する」としているのに対し，社会権規約は，利用可能な資源を最大限に用いつつ権利の完全な実現を漸進的に達成するため「行動を取る」としている．しかし，一般に自由権といわれる権利も，その実効的な実現のためにはしばしば国の**積極的施策**を要請する．他方で，いわゆる社会権も，権利である以上，**国が自らその侵害をしない義務（尊重義務）**を生ぜしめる．履行確保措置に関して，個人通報制度を定める**社会権規約選択議定書**が2008年に採択されたことも，そうした認識の広がりを反映したものである．

（6）人権条約の履行確保（国際的実施）措置

人権条約では，国家間相互の権利義務の交換という要素が欠けており，しか

も内容は各国の管轄下の人の人権保護であるために，締約国間の**相互主義**の形で条約の履行を図ることが難しい．そのため人権条約では，委員会等の**条約機関**をおき，条約の国内実施を国際的に監視するための制度（**国際的実施措置**）を運用させている．国連で作成された人権条約では，最も基本的な制度は，**非司法的制度**である**報告制度**である．条約機関は，締約国の出した報告書を審議し，当該国に対する「**総括所見**」で問題点の指摘や勧告を行う．これに加え，全締約国を対象として，随時，条約の解釈等に関する留意点を「**一般的意見**」として提示する．また，現在では，国連で採択された9つの主要人権条約すべてにおいて，人権侵害に関する個人の申立を条約機関が受理し検討する**準司法的制度（個人通報制度）**が選択的制度として置かれている．

（7）条約の国内実施と国際的実施との関係

人権保障は本来，各国によって行われるべき事柄であるから，国際的な履行確保制度は，あくまでそれを補完するものと位置づけられる．人権条約の個人通報制度で，条約機関が通報を受理するにあたっては**国内救済完了の要件**が必ず要求されているのは，この**補完性**原理をよく示している．多くの人権条約は，人権侵害に対する効果的な救済措置の付与を締約国に義務づけており，条約機関に対する個人通報は，国内救済措置を尽くしても救済を得られなかった事案について行われることになる．

（8）国内裁判所による人権条約の解釈・適用の形態

条約の国内的な受入れの方法は国によって異なり，英法系の諸国では，批准した条約は国際法上の義務として有効ではあるが国内的な効力はもたない（そのため，国内裁判所が条約規定を直接適用することもない）．これに対し日本は，批准した条約が国内的効力をもつ「自動的受容」体制を取っている．そして，ある事案での司法判断の目的上，条約の規定が，裁判官にとって，それに直接に依拠して判断を下しうるほど明確であるとみなされれば，当該規定は直接に適用されうる．この**直接適用可能性**（「自動執行性」ともいわれる）は，具体的事案における訴訟形態や，そこで求められている司法判断の内容にかかわり，条約からは一律に判断できない．なお，条約の規定の直接適用可能性が否定される場合も，条約は有効な法規範であることに変わりはないから，国内法の解釈・適用に条約の趣旨を活かすことが可能である（**間接適用**）．憲法，民法等の国内法を解釈・適用する際に，条約の趣旨を取り込んで，可能なかぎり**条約適合的な解釈**を採用するという手法である．

事例演習

第1問

　A国の人口は，少数の白人と，大多数の黒人及びその他の有色人種の人々で構成されている．A国の政府は，国内法制によって有色人種の人々を制度的に差別する政策をとり，選挙権，居住地の選択，学校教育，福利施設の利用などさまざまな面でこれらの人々の権利・自由を制限し白人よりも劣悪な状況におく多数の国内法を制定・施行していた．

　A国は国連加盟国であり，A国の政策を問題視するいくつかの加盟国の提案によって，この問題が国連総会で議論された結果，総会はA国に対し，人種差別的政策を撤廃するよう求める勧告を決議した．しかし，これに対しA国は，国連は憲章2条7項により，「本質上いずれかの国の国内管轄権内にある事項」に対し干渉する権限はないことを主張し，勧告内容の受入れを拒否した．

◆**設問1**　国連は憲章2条7項によって「本質上いずれかの国の国内管轄権内にある事項」に対し干渉する権限はないというA国の主張は，国連憲章の解釈として妥当か．

◆**設問2**　設問のようなA国の政策は，国連憲章に基づく加盟国の義務としてはどのように評価されるか．

解　説

　1）本設問は，南アフリカが行っていたアパルトヘイト政策と，それに対する国連総会の活動をモデルとした事例である．とりわけ1960年代，多数のアフリカ諸国が独立し国連に加盟して以降，国連では総会がこれらの国々の声を受けてアパルトヘイト問題につき，しばしば勧告を採択したほか，安全保障理事会も南アフリカへの経済制裁等を発動してきた．アパルトヘイトは1990年代前半に撤廃され，南アフリカでは初の全人種の国民による普通選挙によって，黒人大統領が誕生したが，そこに至るまでの経緯は，人権尊重に関する国連機関の活動と憲章2条7項との関係をめぐるリーディングケースであり続けている．

　2）国内問題と国際組織の権限について，国際連盟では，加盟国が紛争当事国として連盟理事会の審理のために付託した国際紛争について，紛争当事国が

「国際法上専ら」国内管轄事項に属するものと主張し，理事会もそのように認定した場合に，理事会は解決のための勧告をせず紛争に介入しないことを定めた規定があった（15条8項）．この規定が，理事会による国際紛争審理という場面に限って適用される規定であったのに対して，国連憲章2条7項は国連の原則を定めた2条に置かれている．このため，2条7項は，国連機関の活動を一般的に制約し，国連の活動と加盟国の国内問題をめぐっては，連盟の場合よりも多くの緊張関係を生じうることとなる．しかし他方で，連盟規約では「国際法上専ら」として固定的にとらえられていた国内管轄事項の範囲は，国連憲章では「本質的に」とされており，国際法の発展によって国連が介入しうる範囲は広がりうることが示されている．これは，連盟に比して，国連は，経済，社会，人道問題を含む幅広い国際問題の解決のための活動を含めた広範な任務を有するに至った（憲章1条，特に3項を参照）ことから，憲章上，何が国内管轄事項であるかについても，予め定めておくことはできないとされたからである．

3）『プラクティス国際法講義』（信山社）17章でもみたように，人権は本来各国の憲法で扱われてきた問題であり，現在でも第一次的にはそれぞれの国の国内法制で保障されるべきものであることは疑いがない．他方で，国連は，国連憲章という設立基本条約上，すべての人のために人権を尊重するように助長奨励することについて国際協力を行うことを，目的の1つとして与えられている（1条3項）ことが銘記される．加えて，本件の場合には，A国の行っている行為は，明らかに「人種」差別的政策である．憲章1条3項は，「人種，性，言語又は宗教による差別のないすべての人のため」の人権尊重の助長奨励に向けた国際協力を国連の任務の1つとしており，「人種」は差別禁止事由の中に明文でしかも筆頭に掲げられている．国連総会についていえば，総会は，「憲章の範囲内にある事柄」を討議し，それらの問題について加盟国に勧告を行うことができるから，1条3項に掲げられた，人種等による差別のないすべての人のための人権尊重の助長奨励に関して，討議を行い加盟国に勧告する権限を有しているということができる．

4）加盟国であるA国の国連憲章上の義務のうち，本件に関連するものとしては，経済的及び社会的国際協力に関する憲章第9章において，「すべての加盟国は，第55条に掲げる目的を達成するために，この機構と協力して，共同及び個別の行動をとることを誓約する」とした56条がある．本条で援用されている55条は，(c)項で，1条3項と同様の文言で，「人種，性，言語又は宗

教による差別のないすべての人のための人権及び基本的自由の普遍的な尊重及び遵守」と規定している．加盟国は，2条2項に従い，56条の義務を含む憲章上の義務を誠実に履行しなければならない．

5）憲章56条は，(c)項を含む55条の目的達成のために「共同及び個別の行動をとる」ことを誓約すると一般的に述べているにとどまり，(c)項についても，加盟国として人権尊重のためにどのような行動をとるべきかを指し示しているわけではない．したがって，この規定は，加盟国が取るべき具体的な行動については，各国の判断の余地を多く残しており，ある加盟国が何らかの行動を取らなかったことをもって本条の違反を認定することは難しいであろう．しかしながら，本問のA国の例のように，明らかに人種差別的な法制度を，国が採用し維持していることは，いずれの社会でも多少とも存在する人種差別に対して国が何らかの措置を取ったかどうかの問題とは位相を異にする．A国の場合は，国自らが積極的に人種差別政策を取り，人権侵害を行っているからである．このようなA国の行為は，それ自体，「人種，性，言語又は宗教による差別のないすべての人のための人権及び基本的自由の普遍的な尊重及び遵守」のために行動をとるという憲章56条の義務に明確に反し，国連加盟国としての義務に悖（もと）るものであると評価できる．

第2問

A国出身で日本に在住するX氏は，公衆温泉浴場に入場しようとしたところ，浴場主から「外国人お断り」との張り紙を示され，その経営方針によって入場を拒否された（第1入浴拒否）．その後，X氏は帰化により日本国籍を取得し，同じ温泉浴場に赴いて，日本国籍があることを示しつつ入場を希望したが，浴場主は，「外見はやはり外国人であり，他の日本人客が嫌がるので入場は認められない」としてやはりこれを拒否した（第2入浴拒否）．

日本は人種差別撤廃条約を批准しており，その1条は，同条約にいう人種差別とは「人種，皮膚の色，世系又は民族的もしくは種族的出身に基づくあらゆる区別，排除，制限又は優先であって，政治的，経済的，社会的，文化的その他のあらゆる公的生活の分野における平等の立場での人権及び基本的自由を認識し，享有し又は行使することを妨げ又は害する目的又は効果を有するもの」と定義されている．また，5条は，輸送機関やホテル，飲食店等「一般公衆の使用を目的とするあらゆる場所又はサービスを利用する権利」を含む諸権利に

ついて締約国は法の前の平等を保障することとしている．

- ◆**設問1** X氏は，浴場主を相手取って損害賠償請求訴訟を提起するにあたり，憲法のほか，人種差別撤廃条約をも援用したいと考えているが，X氏が裁判所での主張の中で同条約を援用することは可能か．
- ◆**設問2** X氏の主張において，人種差別撤廃条約を用いて具体的にどのような主張を行うことができるか．

解説

1）本設問は，北海道小樽市で現実に発生した入浴拒否事件を題材としたものである．2002年の札幌地裁判決，控訴審である翌年の札幌高裁判決はともに原告の主張を容れ，浴場主に対して損害賠償の支払いを命じた．

2）日本は，条約の国内的受入れについて「自動的受容」体制を取っているから，批准した条約は，公布をもって国内的にも効力をもつものとなる．よって，本件においても，批准された人種差別撤廃条約は，国内的効力をもつ有効な法源として，国内裁判における主張において援用できることがある．

ただし，条約の規定が，他の国内法の介在なく，それのみで裁判規範となるかどうかという直接適用可能性は，具体的事案における訴訟形態やそこで求められている司法判断による．本件は，X氏が，私人である浴場主を相手取って提起している，私人間の訴訟であるから，人種差別撤廃条約の規定のうち，締約国たる国の義務について定められている規定は，憲法の人権規定と同様，本件で浴場主の責任を問うためには，それだけでは直接適用できないものとされる可能性が高い．ただ，条約の規定の直接適用可能性が否定される場合も，条約は有効な法規範であることに変わりはないから，国内法の解釈・適用に条約の趣旨を活かすことが可能であり，本件でも，民法の規定に基づく主張の際に，人種差別撤廃条約の趣旨を取り込んで，条約適合的な解釈を採用するよう主張することが考えられる．

3）本件のように，私人の行為によって個人の自由や平等が侵害されたという場合，用いうる訴訟の形態は不法行為（民法709条）による損害賠償請求である．その際，裁判所は，当該行為が個人の基本的自由や平等に対する違法な侵害といえるか否かについて，法の下の平等に関する14条のような憲法の規定の趣旨にも照らしつつ判断を行う手法をとることとなる．人種差別撤廃条約

の規定の援用の仕方も，同様の間接的な手法になろう．日本は条約の自動的受容体制をとることから本条約も国内法としての効力をもつが，この条約は人種差別の撤廃に関するさまざまな義務を締約国に課すものであり，私人の行為に直接適用できる内容のものではない．したがって，この条約を裁判で援用するとすれば，私人の行為が条約にいう「人種差別」に該当することを主張し，それに対して国は裁判所等の国家機関により「効果的な保護及び救済措置」を確保し，ならびに差別の結果被った損害に対して「公正かつ適正な賠償又は救済」を裁判所に求める権利を確保する義務（6条）があることに依拠することになろう（宝石店入店拒否に関する静岡地方裁判所1999（平成11）年10月12日判決は6条に言及している）．

　本設問がモデルとした2002年11月11日の札幌地裁判決は，憲法14条1項のほか，自由権規約や人種差別撤廃条約が，民法709条のような私法の諸規定の解釈にあたっての基準の1つとなりうることを認めた．そして，国籍差別のようにも見える本件入浴拒否については，外見上国籍の区別ができない場合もあることや，第2入浴拒否では日本国籍を取得しても拒否されていることから，実質的には，外国人らしい外見を理由とする差別であるとし，憲法14条1項，自由権規約（26条の平等権条項），および人種差別撤廃条約の「趣旨に照らし」私人間でも撤廃されるべき人種差別にあたるとした．この司法判断では，直接には民法の不法行為規定が適用されたのだが，何が不合理な差別であり違法となるかという，その解釈にあたって，人種差別撤廃条約にいう人種差別の定義が，解釈基準の1つとして用いられたのである．

【参考文献】
横田洋三編『国際社会と法――国際法・国際人権法・国際経済法』（有斐閣，2010年）［第11章　国際人権法（滝澤美佐子執筆）］
阿部浩己・今井直・藤本俊明『テキストブック国際人権法〔第3版〕』（日本評論社，2009年）
渡部茂己編著『国際人権法』（国際書院，2009年）
申惠丰『人権条約の現代的展開』（信山社，2009年）
部落解放・人権研究所編『国際人権規約と国内判例――20のケーススタディ』（解放出版社，2004年）

第18章　人権の国際的保障(2)

論　点

(1) 人間の固有の権利としての生命権
　市民的及び政治的権利に関する国際規約（自由権規約）6条は，同規約上唯一「固有の権利」という文言を用いて生命権を保障している．同規約は4条で，公の緊急事態の存在が公式に宣言されている場合には，事態の緊急性が真に必要とする限度で規約上の義務から**逸脱**することができると定めているが（**デロゲーション規定**），6条を含むいくつかの規定は逸脱が認められていない．締約国は，軍隊や警察等の国家機関のみならず，私人の犯罪行為による個人の生命の剥奪をも**防止**するための立法・行政措置を取るとともに，殺人や強制的失踪の事件について**実効的な捜査**を行い，**実行者の処罰**，および事件の**再発防止**という一連の**積極的措置**を取る義務を負う（自由権規約委員会の**一般的意見**及び個人通報制度の**見解**）．

(2) 生命権の広義の解釈と生存権
　生命権の要請は，殺害という直接的な生命の剥奪の禁止にとどまらず，自由権規約委員会の一般的意見によれば，乳児死亡率の低下や核兵器の撤廃等のための国の積極的措置にもおよぶ．このように，生命権を，**生命への脅威の除去と生命維持**を求める権利として構成すれば，それは広い意味での**生存権**につながる．生存権という文言は，人権規約の中に明記されていないが，経済的，社会的及び文化的権利に関する国際規約（社会権規約）11条は1項で「自己及びその家族のための相当な［adequate 十分な，適切な］生活水準についての……すべての者の権利」，2項で「すべての者が**飢餓から免れる基本的な権利**」を規定している．社会権規約委員会の一般的意見は，締約国の**最低限の中核的義務**として，不可欠な食料，基本的な健康保護，住居又は基本的な教育を充足することを挙げている．

（3）生命権と死刑・犯罪人引渡

自由権規約は生命権に関する 6 条で，「死刑を廃止していない国においては」死刑は一定の条件の下にのみ科すことができることを規定している（2 項）．それらの条件には，遡及処罰の禁止のほか，同規約の規定（例えば，公正な裁判を受ける権利に関する 14 条がこれにあたる）に抵触しないこと，最も重大な犯罪についてのみであることが含まれる．

自由権規約委員会は個人通報の事案で，従来は，犯罪人引渡先で死刑執行が予見されることにつき，6 条違反を認定してはいなかったが（Ng 対カナダ事件，1993 年），近年，**死刑廃止国から存置国への犯罪人引渡しは 6 条 1 項違反**となるとの見解を取るに至った（ジャッジ対カナダ事件，2003 年）．委員会は本件で，6 条 2 項は死刑廃止国には適用されないこと，及び死刑廃止に向けての過去 10 年間の国際的な潮流にも言及して，すでに死刑を廃止した国が人を死刑の危険に直面させることは 6 条 1 項（生命権）違反であるとした．

（4）拷問又は非人道的な刑罰もしくは取扱いを受けない権利と死刑執行方法・犯罪人引渡し

ヨーロッパ人権裁判所は，ゼーリング事件判決（1989 年）以降，犯罪人引渡しの結果，引渡先で拷問又は非人道的な取扱いもしくは刑罰を受ける危険性がある場合には，管轄下にある人を引き渡すことは締約国の条約違反（ヨーロッパ人権条約 3 条）を生じるとしている．自由権規約委員会は個人通報の事案でこの法理を踏襲し，ガスによる窒息死という**残虐又は非人道的な取扱いが加えられることが予見される引渡先への犯罪人引渡しは引渡国の規約 7 条違反**であるとした（Ng 対カナダ事件）．

（5）拷問等禁止条約における普遍的管轄権

拷問等禁止条約は，拷問の詳細な定義を置くとともに，拷問の禁止を実効的なものとするために，各国における拷問の処罰や，処罰のための裁判権の設定等について規定する．本条約は，拷問について処罰を確保するために**普遍的管轄権**を設定し，締約国は，容疑者が自国管轄下の領域内に所在し，かつ，5 条 1 項に定めるいずれかの締約国（犯罪が発生した領域国，容疑者の本国，被害者の本国）に対して引渡しを行わない場合には，自国の裁判権を設定するため必要な措置を取ることと規定している（5 条 2 項）．

（6）難民条約における難民の定義とその判断

難民条約の締約国は，同条約 1 条で定義される難民（人種，宗教，国籍もしくは特定の社会的集団の構成員であること又は政治的意見を理由に迫害を受ける恐れが

あるという十分に理由のある恐怖を有するために，国籍国の外にいる者であって，国籍国の保護を受けることができないか又は保護を受けることを望まない者）について，同条約に従った法的地位や待遇を与えなければならない．この定義は，「十分に理由のある」「恐怖」を有するという，**客観的・主観的要素を併せ持ってい**る．難民認定の手続は各国に委ねられているが，**難民認定は締約国の自由裁量行為ではなく**，申請者が条約上の難民に当たるか否かを確定する**事実確定行為**であり，締約国の当局は，申請者が提供する資料に加えて，適切な範囲で自ら補足的な調査を行うことにより，妥当な判断を行うことが要請される．

（7）国際人権規約における無差別・平等規定

社会権規約は2条2項で，同規約上の権利がいかなる差別もなしに行使されることを保障することを締約国に義務づけ，**同規約上の権利の行使における無差別**を定めている．また3条では，男女に同等の権利を確保することを約束すると規定する．社会権規約上，権利の完全な実現については2条1項により漸進性が認められる一方，権利の行使・享有においては，いかなる差別もないことを確保することが要求されている．

自由権規約も2条1項で，同規約上の権利をいかなる差別もなしに尊重し確保することを締約国に義務づけ，社会権規約2条2項と同様，**規約上の権利の享受における無差別**原則を定めている．加えて，26条では，**法律による平等の保護を受ける権利**を規定し，法律が平等かつ効果的な保護をすべての者に保障することとしている．自由権規約委員会は，26条を，あらゆる差別に対して法律の平等な保護を受ける権利を定めた，**独立の平等権規定**と解し，個人通報事案で，年金のような社会保障を受ける権利における平等の取扱いについても適用している（ブレークス対オランダ事件等）．

事例演習

◆第1問◆

Xは，A国で殺人を犯して逃亡中，別の犯罪によりB国で逮捕された．A・B両国間には犯罪人引渡条約が締結されており，A国はこれに基づき，Xの引渡をB国に請求した．A国は死刑を存置しており，B国は廃止しているが，上記の引渡条約は，引渡請求国が死刑存置国であり，被請求国が死刑廃止国である場合には，被請求国はその裁量により，引渡後に死刑が科されないという保証を請求国に求めることができると規定している．本件でB国は，Xが殺人犯であることから，死刑が科されないという保証を求めずに引渡しを行うことを

第18章　人権の国際的保障(2)

決定した．A国の刑事裁判の現状をみると，XはA国に引き渡された後，死刑を宣告される可能性が極めて高い．A国における死刑の執行方法は，有毒ガスによる窒息死である．なお，B国は，市民的及び政治的権利に関する国際規約（自由権規約）の締約国であるが，A国は締約国ではない．

◆設問1　Xが科される可能性が高いA国での死刑が，その執行方法の点において，B国による自由権規約違反とされる可能性はあるか．

◆設問2　本件のように，死刑廃止国であるB国から，死刑存置国であるA国への犯罪人引渡しが，A国・B国間の犯罪人引渡条約には反していないとしても，自由権規約に違反するとされる余地はあるか．

解　説

1）本設問は，自由権規約委員会の個人通報事例を題材とした設問である．

2）自由権規約は，6条で生命権を規定し，死刑についてはその2項で，「死刑を廃止していない国においては」，犯罪が行われた時に効力を有しており，かつ，規約の規定及びジェノサイド条約の規定に反しない法律により，最も重大な犯罪についてのみ科することができるとしている．このうち，規約の規定に反しないこととは，「拷問又は残虐な，非人道的なもしくは品位を傷つける刑罰もしくは取扱いを受けない権利」を保障した7条を遵守することを含むと解されるから，死刑についても，その執行方法が「残虐な」，「非人道的な」もしくは「品位を傷つける」刑罰とみなされる場合，さらには，死刑囚の受ける処遇が「残虐な」，「非人道的な」もしくは「品位を傷つける」取扱いとみなされる場合には，7条に照らして規約違反の問題を生じることがありうる．

本件で，Xに対して行われる可能性が高いのはガスによる死刑執行であるが，自由権規約委員会は1993年のNg対カナダ事件において，この方法は長時間の苦痛を与える点で「残虐および非人道的な取扱い」にあたるとしている．また，死刑囚の受ける処遇に関しては，自由権規約の事案ではないが，ヨーロッパ人権条約に関するヨーロッパ人権裁判所の判決において，死刑が宣告されてから実際の執行に至るまでに平均で数年間の待機期間があるという「死の順番待ち」現象（"death row" phenomenon）に服さなければならないことが，同条約3条の禁止する「非人道的な」取扱いにあたるとされたことがある（ゼーリング判決）．

Ng事件における自由権規約委員会の判断は，規約が6条2項で死刑を限定的にせよ容認していることと，他方では7条の規定があることとを，両立させ

ようと試みた判断であった．ただ，この事件では，委員会の多数意見は，ガス殺という死刑執行方法が，ガス注入から死亡まで十数分かかるという比較的長時間の苦しみを死刑囚に与える点をもって「残虐および非人道的」と判断したところ，これに対しては，苦痛の時間の長さをもって「非人道」性を認定できるのか，という反対意見や，あらゆる死刑執行方法は残虐であり非人道的であるという反対意見が付され，委員会の見解は大きく分かれた．死刑を存置している国における死刑執行方法には，ガス殺のほか，銃殺，薬物注射，電気椅子，絞首等いくつかの方法があるが，どのような執行方法が残虐ないし非人道的かという判断は，時代により，また社会により，大きく異なりうることに注意が必要である（歴史的には，ギロチンがフランスで発明された時には，八つ裂きや釜茹でよりはるかに「人道的な」処刑器具として歓迎されたのである）．なお日本では，憲法36条によって「残虐な刑罰」は絶対的に禁じられているものの，現行の絞首刑という死刑執行方法は「残虐な刑罰」にあたらないとするのが最高裁の判例である．

　3）自由権規約6条1項は，生命権を保障し，同条2項は，上述の通り，「死刑を廃止していない国においては」，という文言を付して，限定的に死刑を科しうる場合を容認している．本条の解釈につき，自由権規約委員会は，近年，死刑を法律上又は事実上廃止する国が徐々に増えているという死刑廃止の趨勢に鑑み，2003年，死刑廃止国から死刑存置国への犯罪人引渡しについて，新たな解釈を発展させた．2003年のジャッジ対カナダ事件で委員会は，6条2項はあくまで「死刑を廃止していない国においては」と規定していることから，カナダのように既に死刑を廃止した国については6条2項は適用されないとし，死刑廃止国が，死刑が科される実質的な可能性のある国に犯罪人を引き渡すことは，6条1項に反する生命権の侵害となるという見解を示したのである．この見解に従えば，死刑廃止国にとっては，6条1項の生命権の規定から，死刑の科刑が実質的に予見される国への犯罪人不引渡義務が生じ，その意味で，死刑廃止国は，死刑存置国に課される6条2項の義務とは異なった義務（犯罪人引渡しによって，その者につき死刑を再導入するに等しい結果をもたらすことを行わない義務）を6条1項によって負うこととなる．よって，こうした委員会の先例法に照らせば，本問でB国からA国への犯罪人引渡しは，6条1項の違反となる可能性があることになる．

◆第 2 問◆

　平成 25 年 12 月改正前の民法では，婚姻していない親から生まれた子である非嫡出子（婚外子）は，法定相続分が嫡出子の半分であると規定されていた．これにより，父 X と母 Y の間に生まれた非嫡出子である Z は，X の死亡による財産相続にあたり，X が婚姻している女性との間に生まれた嫡出子に比べて，半分の額の相続しか受けることができなかった．

◆**設問 1**　　上記の民法の規定は，婚姻制度の維持という政策的目的と関連しているが，この民法の規定により生じる人権問題について，非嫡出子である Z の人権の観点から述べよ．

◆**設問 2**　　上記の民法の規定については，日本が批准している人権条約上は，どのように評価されうるか．関連する条約とその規定を挙げて論ぜよ．

【解　説】

　1）本設問は，日本法上，嫡出子と非嫡出子の法的取扱いの相違としては，出生届における記載や戸籍の記載も挙げられるが，相続分の相違に関する民法の規定もその 1 つである．これらの法制は，婚姻という制度を法的に保持し家族を保護することがその立法目的であるといわれるが，婚姻せずに子供をもつ事情は人それぞれであり，現行法制が婚外子出生の「抑止」に役立っているかどうかは定かではない．

　他方で，相続における非嫡出子の法的取扱いの相違を，婚姻制度の維持という制度論からでなく，子供の権利という観点からみれば，出生による子供への差別の問題が明らかに見出される．すなわち，非嫡出子たる子供 Z の立場からすれば，自分の出生の時に両親 X と Y が婚姻していたかどうかという，自分にとって如何ともし難い事情をもって，相続にあたり不利益を受けることとなるものであり，出生による差別という人権侵害が存在するということができる．このことは，憲法上は，14 条の法の下の平等，すなわち，「すべて国民は，法の下に平等であって，人種，信条，性別，社会的身分又は門地により，政治的，経済的又は社会的関係において，差別されない」という規定上は，「社会的身分」による，「経済的関係」における差別ともみることができる．なお，非嫡出子の相続分に関する民法の規定の存在は，非嫡出子に不利益を与えることで，これらの子供の法的地位を不当に貶め，それによって，社会的にも，非嫡出子に対する偏見を温存させることになっている，との批判もある．

　2）自由権規約・社会権規約にはそれぞれ，各規約上の権利の享受に関する無差別・平等規定があるが（自由権規約 2 条 1 項，社会権規約 2 条 2 項），自由権規

約には加えて，法律による平等の保護を定めた26条の規定がある．規約上の権利の享受における平等を定めた2条とは異なり，26条は，自由権規約委員会の一般的意見及び個人通報制度の先例法において，同規約上の権利享受に限定されない一般的な平等権規定と解されており，年金受給権のような社会保障の分野を含め，締約国がその法律で規律しているすべての事項に関して法律による平等な保護を要求したものとされているから，相続差別についても適用がある．

さらに，子供の権利に関しては，自由権規約24条1項が，すべての子供はいかなる差別もなしに，必要な保護の措置についての権利を有する，と規定していることに加え，児童［子供］の権利条約2条が，締約国はその管轄下にある児童に対し，「出生又は他の地位にかかわらず」いかなる差別もなしに条約上の権利を尊重し確保すると定めていることが重要である．非嫡出子に対する差別は，「出生」による差別であると解することができ，仮にそう解しない場合でも，いずれにせよ「他の地位」による差別に含まれる．相続を受ける権利は，児童の権利条約上明文規定はないが，発達のための十分な生活水準に対するすべての児童の権利（27条）等，扶養に関するいくつかの規定から導かれうる．

自由権規約委員会と児童の権利委員会はいずれも，日本政府報告書審議後の総括所見において，上記の民法の規定について，条約との抵触に言及して懸念を表明している．

なお，最高裁は2013（平25）年9月4日の大法廷判決で，上記の民法の規定を憲法14条1項違反としたが，その判断に至る理由として，家族形態の多様化やこれに伴う国民の意識の変化，諸外国の立法の趨勢等のほか「我が国が批准した条約の内容とこれに基づき設置された委員会からの指摘」にも言及し，最高裁として初めて，人権条約の委員会の総括所見を，法令違憲の理由の一つに挙げた．

本判決を受け，その後同年12月には，相続分差別の規定を削除する民法改正案が国会で可決・成立している．

【参考文献】
申惠丰『人権条約上の国家の義務』（日本評論社，1999年）
薬師寺公夫・村上正直・小畑郁・坂元茂樹『法科大学院ケースブック　国際人権法』（日本評論社，2006年）
大沼保昭『国際法――はじめて学ぶ人のための〔新訂版〕』（東信堂，2008年）［第7章「人権」］
戸波江二＝北村泰三＝建石真公子＝小畑郁＝江島晶子編『ヨーロッパ人権裁判所の判例』（信山社，2008年）

第19章　国際経済法

論点

(1) 国際経済関係における無差別原則

　国際経済関係における無差別原則には，**最恵国待遇原則**と**内国民待遇原則**があり，GATTをはじめとする多数国間条約や二国間条約に規定されている．最恵国待遇原則は，最も有利な待遇を許与されている国と同等の待遇の許与を義務づけるもので，外国人間（外国産品間，外国人財産間）の無差別待遇を確保する．内国民待遇原則は，外国人に国民と同等の待遇を義務付けるもので，外国人（輸入品）と自国民（国産品）の無差別待遇を確保する．

　最恵国待遇によって二国間交渉による自由化合意も第三国に均霑（きんてん）され，自由化が拡大されると同時に，諸国家間の対等な競争が確保され，国際的な経済活動において市場原理が機能することになる．WTO協定における最恵国待遇は，即時かつ無条件に許与しなければならないが，これによって自由化を受け入れない加盟国も他の加盟国の自由化の利益を享受できるという**「ただ乗り (free rider)」**の問題が指摘されている．これに対して，一定の自由化義務の受け入れを最恵国待遇の条件とする相互主義的な最恵国待遇の主張もなされたが，これまでのところ加盟国に受け入れられていない．自由貿易協定などの地域経済統合は，最恵国待遇原則の例外として，一定の要件の下で認められている．

　内国民待遇によって外国人と自国民の対等な競争が確保されることになるが，内国民待遇原則は，関税などの国境措置や国内の生産補助金などには適用されない．輸入された産品や受け入れられた投資にかぎって国内での対等な待遇が認められる．しかし，投資の分野では，90年代後半以降，**設立における（投資前の）内国民待遇**，つまり**投資の自由化**を規定する協定も多数締結されている．

（2）非貿易的関心事項

非貿易的関心事項とは，環境基準や労働基準など貿易政策とは直接関連しないが，貿易に影響をおよぼす政策をいう．第2次世界大戦後，数次にわたる**多角的貿易交渉**による関税引下げによって**非関税障壁**が顕在化し，経済的利益とは異なる社会的利益の保護を目的とする様々な国内規制も非関税障壁として規制の対象となっている．製品の安全基準などの基準・認証制度，病害虫や有害物質の国内流入を防ぐ衛生・検疫措置などはWTOにおいて個別の協定によって規制されている．しかし，環境基準や労働基準を理由とする輸入制限については，個別の協定がなく，一般的例外を規定するGATT20条の規律の下に置かれている．1990年前後に，ガットやWTOの紛争解決手続において環境保護を目的とする輸入規制措置が問題とされ，**小委員会（パネル）**や**上級委員会**がそれらの措置に対して20条の適用を認めなかったことから，大きな議論となっている．もっとも，環境保護を理由とする輸入制限も実際には国内産業保護を目的とするような場合もあり，貿易的価値と社会的価値の優先順位を確定することの困難さとあわせて，慎重な検討を必要とする問題である．

（3）外国人の保護に関する国際慣習法の機能

19世紀以降，ヨーロッパの多くの国の国民が世界的に経済活動を展開するようになり，ヨーロッパ諸国にとって自国民の保護が重要な課題となり，外国人の保護に関する慣習法が形成された．国家は，外国人を受け入れた場合に，**相当の注意**を払って保護する義務があるという原則が確立されたが，「相当の注意」がどのようなものであるかに対立が生じた．一方は，国際的に共通の注意義務の水準がある，という**国際標準主義**であり，他方は，自国民に対する保護と同程度の保護があればよい，とする**国内標準主義**である．国際標準主義を主張したヨーロッパ諸国は，国際的に共通な水準をヨーロッパ諸国における自国民に対する保護と同一の水準として，自国民が損害を被った際に，**外交保護権**に基づいてアジア，アフリカ，ラテンアメリカ諸国に介入し，場合によっては軍事的な介入を経て植民地化を達成する手段とした．

（4）国有化の際の補償原則

国有化は，公共の目的で，無差別，かつ適切な補償がなされた場合に，国際法上合法であるとされる．公共目的と無差別の要件については，大きな問題とはならなかったが，「適切な補償」については長年にわたって議論された．この問題は，国際連合総会における**新国際経済秩序**の議論と経済的自立を目

指す発展途上国による国有化の拡大の時期と重なり，1960 年代から 70 年代半ばにかけて激しい対立が生じた．先進国は，「**十分，迅速かつ実効的な補償**」が必要であると主張した．「十分，迅速かつ実効的な補償」とは，市場価格に基づき，即時に国際的に交換可能な支払い手段で補償することを意味する．それに対して発展途上国は，国内法に従った補償でよいと主張した．1974 年に国連総会で採択された「**国の経済的権利義務憲章**」は，多数を占める発展途上国の主張に沿って，国内法に基づく補償を規定したが，先進国は，決議の採択に際して，反対あるいは棄権し，「十分，迅速かつ実効的な補償」が国際慣習法上の義務であるとの立場を変えなかった．

国有化あるいは**一般的収用**と呼ばれる大規模な私有財産の接収は，20 世紀前半に東欧諸国やラテンアメリカ諸国で行われ，第 2 次世界大戦後にアジア・アフリカ諸国に広がった．それらの国有化に際しては，多くの場合で先進国の主張するような補償は支払われていない．「十分，迅速かつ実効的な補償」の義務が慣習法として成立していると考えることは困難である．このような状況の下で，先進諸国は，「十分，迅速かつ実効的な補償」を規定する**二国間投資条約(BIT)**を締結し，立法によって問題を解決した．

(5) 国際経済紛争の処理

投資紛争については，かつては外交保護権に基づき投資家の本国が受入国との間で協議を行うなどの方法で処理されていたものが，二国間投資協定に規定された**仲裁条項**に基づき，投資家と受入国の仲裁によって解決する事例が増えている．1950 年代以降，植民地から独立した新興国が外国人財産の大規模な収用（国有化）を頻繁に行い，国連総会では，途上国が**新国際経済秩序(NIEO)**樹立を主張して「**国の経済的権利義務憲章**」が採択され，そこで国内法による規律が規定された．先進国は，これに対抗して 1980 年代以降，投資保護を目的として二国間投資協定を多数締結し，多くの投資紛争が仲裁条項によって処理されるようになった．

国有化の際の補償については，投資協定で明確に規定したことによって問題が解消されたが，さらに仲裁判断によって，一般規定としてそれほど重視されていなかった「**公正かつ衡平な待遇** (fair and equitable treatment)」義務を定める規定によって，個別の義務規定に反しない場合であっても，不当で差別的あるいは恣意的な政府の措置によって投資家の期待が裏切られた場合に損害賠償を認められた事例も現れた．投資協定によって投資家対受入国の仲裁手続

(ISDS 条項）が導入されたことによって，これまでかならずしも明確でなかった受入国の義務が具体的に判断されるようになっている．

他方，通商分野では，GATT時代から慣行を通じて紛争解決手続が整備され，WTOの発足にともない，それをさらに強化した裁判に類似した紛争解決手続が運用されている．この手続きは，**小委員会**（パネル）と**上級委員会**の二審制をとっており，手続きの各段階について期限を定めて早期の解決を目指している．特に注目すべき点は，**ネガティヴコンセンサス**（すべての加盟国が反対しないかぎり決定・採択する）を採用し，小委員会と上級委員会の設置ならびに報告書の採択を自動化したことである．小委員会，上級委員会の報告は，WTOの紛争解決機関による採択がなければ法的拘束力を有しないものの，一方的な申立を認めた点は，国際的な紛争解決制度として画期的なものである．

(6) 地域経済統合

GATT/WTO体制は，戦間期のブロック経済の再来を阻止するために，無条件かつ即時の最恵国待遇原則を規定したが，その例外として地域経済統合を許容した（GATT24条4-10項）．市場規模の小さな国が**関税同盟**や**自由貿易地域**を形成して市場を統合することは古くからあり，そうした状況を想定していたのである．しかし，EECの設立以来，大規模な経済統合が現れ，1990年代以降，地域経済統合を形成するための**地域貿易協定**（RTA）が世界的な規模で広がっている．

これは，GATT/WTOの**多角的貿易交渉**が関税引き下げから**非関税障壁**の縮小・撤廃に焦点が移り，合意の形成が困難になったためである．特にWTO発足後，多数の途上国が交渉に実質的に参加することにより交渉が停滞しているため，意欲のある加盟国間で自由化を進める機運が高まった．RTA交渉は，特定国間の自由化交渉であるため，それぞれの国内経済の状況を踏まえ，合意の達成が比較的容易であることもRTAの拡大を促した．

近年のRTAは，モノの貿易のみならず，サービス，環境，労働，投資や競争政策などをも含む包括的なものとなっており，わが国では，**経済連携協定**（EPA）と呼んでいる．「**実質上すべての貿易**」について関税その他の制限的通商規則の撤廃が要件とされ（GATT24条8項），また，様々な国内の社会的規制についても非関税障壁として規律が強化されており，その統合の水準は高いものとなっている．

事例演習

　A国の酒税制度は，果汁含有量，アルコール度数，品質（等級）ならびに価格に応じて税を賦課していた．この制度が，1987年のGATT小委員会報告によってGATT3条2項違反と認定されたため，それを受けて制度が改正された．新たな制度の下でも，蒸留酒は，焼酎，ウィスキー・ブランデー，スピリッツ（ジン，ウォッカ等）に分類され，それぞれ税額が定められている．税額は1KLあたり，焼酎が15万円，ウィスキー・ブランデーが40万円，スピリッツが35万円である．焼酎は，主に低所得者層に消費されているため，その酒税は購入者の担税力を考慮して低額に抑えられている．また，A国の焼酎の輸入は，ほんのわずかしかなく，国内消費の大部分は国産の焼酎である．

　B国は，A国にウィスキー，ブランデー，スピリッツを輸出しているが，A国内における販売拡大の努力をしても，これらの酒類の消費が伸びず，輸出は停滞していた．B国は，依然として酒税制度が輸出停滞の原因であると考え，A国に対して制度の改善を求めた．なお，A，B国は，いずれもWTO加盟国である．

◆設問　B国は，GATT3条2項に基づいて，A国の酒税制度の改正を要求することができるか．

解　説

　1）本設問は，1996年の「日本の酒税」に関するWTO小委員会・上級委員会報告を参考に，それに修正を加え，簡略化したものであり，税額等，実際の制度とは異なっている．

　2）GATT3条2項は，輸入産品に対して同種の国内産品に課せられる内国税を超える税を課せられることはないと規定している．ここで問題となるのは，焼酎とウィスキーやブランデー，ジンなどのその他の蒸留酒が「同種の産品」といえるか，そうでない場合でも付属書Ⅰ「注釈及び補足規定」に規定される「直接的競争産品」あるいは「代替可能産品」にあたるか，また，A国の酒税制度における分類が，原産国を基準としたものではないことをどのように考えるかという点である．

　3）GATT3条2項の適用を判断する際には，二段階アプローチと目的効果

アプローチの2つの考え方がある．ガット時代に出された「米国の自動車に対する課税制度」の小委員会報告（未採択）は，輸入品と国産品が「同種の産品」であることに加え，課税が国内産業保護を目的とすることを要求する目的効果アプローチを採用したが，「日本の酒税」の小委員会・上級委員会は，それを否定して二段階アプローチを採用した．これは，2項の文言解釈から導かれたもので，第二文で，「直接的競争産品」，「代替可能産品」について，国産品に保護を与えるように課税されている場合に違反を認めることから，第一文で規定する「同種の産品」については，まず「同種の産品」であるか否かを判断し，次に課税の目的如何にかかわらず，わずかでも国産品を超える課税があれば違反を認める．

目的効果アプローチは，加盟国の様々な政策目的に沿った税制を採用する余地をそれなりに認めるのに対して，二段階アプローチは，政策目的を理由として国内税制を用いた保護措置が広がることを抑制しようとするものである．

4) WTO小委員会報告によれば，「同種の産品」であるか否かの判断は，産品の属性・性質・質，最終用途，消費者の選好や慣習などを考慮して，ケースバイケースで行われるが，GATT3条2項第一文の適用に際しては，第二文に規定する「直接的競争産品」や「代替可能産品」と区別していることから狭く解釈すべきであるとされている．こうした基準に従って，小委員会は，焼酎とウォッカは，ほとんど同一のものであると判断した．物理的特性としてのアルコール度数は異なるが，希釈して飲まれることから同一性を否定するものではない，とも述べている．同種の輸入産品については，国内産品よりも高額の税が賦課されていれば，3条2項違反が認定される．

ウィスキーやブランデーなどのその他の蒸留酒は，添加物や外見が異なり，「同種の産品」とはいえないが，市場における最終用途の同一性による代替可能性，そして焼酎との関係で高い価格弾力性があることから「直接的競争産品」もしくは「代替可能産品」であると判断した．この場合，3条2項第二文が適用され，国内産品を保護するように課税されている場合に3条2項違反となる．

5) GATT3条に規定する内国民待遇義務は，貿易交渉を通じて合意された自由化の利益を実現するため，関税賦課その他の国境措置を経て輸入された産品が，国内市場において平等な競争条件の下に置かれることを確保するためのものである．したがって，原産国による分類という形式的な差別がなくても，

実質的に輸入産品と同種の国内産品の間の競争条件を歪める場合には，内国民待遇義務違反が認められる．

　焼酎の酒税とその他の蒸留酒の酒税に大きな違いがあることは，当然に価格に影響し，競争条件に影響をおよぼす．したがって，国内市場で販売される焼酎がほとんど国産品であり，他の蒸留酒には輸入産品が含まれるという状況で，小委員会・上級委員会は，焼酎と他の蒸留酒が，「同種の産品」または「直接的競争産品」，「代替可能産品」と認め，輸入産品に対する差別があると判断した．焼酎以外の蒸留酒については，国産品も同様に高額の酒税が賦課されていることから，輸入品に対する差別ではない，と考えることも可能であるが，WTOの小委員会および上級委員会は，そのようには解釈しなかった．輸入焼酎がほんのわずかしか販売されていない点を重視して，実質的な差別と判断した．

【参考文献】
中川淳司他『国際経済法〔第 2 版〕』（有斐閣，2012 年）
小寺彰編『国際投資協定 —— 仲裁による投資保護』（三省堂，2010 年）
内記香子『WTO 法と国内規制措置』（日本評論社，2008 年）
松下満雄他編『ケースブック WTO 法』（有斐閣，2009 年）
同『ケースブック ガット・WTO 法』（有斐閣，2000 年）

第 20 章　国際環境法

論 点

(1) 国際環境法の意義

　国際環境法は，環境の保全を目指したさまざまな国際法規範の集合体である．そして，今日の**環境問題の性質**――領域区分を越えた広い空間に広がる損害，時間の作用（損害の長期継続，原因の長期累積による不可逆的発生，事態の変化など），損害の回復の困難性または多大なコスト，科学・技術の要因，原因の日常性・複合性や原因活動の社会的な有用性など――を前提に，主に**損害の発生防止**と発生した損害の救済とを目指す．

(2) 国際環境法の歴史的展開と多数国間環境条約の重要性

　国際環境法は，20世紀半ば以降，特に**国連人間環境宣言（ストックホルム宣言）**などを採択した**国連人間環境会議**（1972年）と，**国連環境開発宣言（リオ宣言），国連気候変動枠組条約，生物多様性条約，アジェンダ21**などを採択した**国連環境開発会議**（1992年）を契機に，急速に発展してきた．その中心は，環境損害の防止またはその危険の最小化を目指す**多数国間条約**の作成と実施である．そこでは**枠組条約方式**が多用され，具体的な規則や措置は**追加議定書**や法的拘束力のない**締約国会議の決定**として採択される．条約は，個別の環境問題への対処とともに，一般国際法上の国家の基本的義務の確立を促し，後に述べる国際環境法の基本的な原則の醸成と具体化を支えてきた．

(3) 越境環境損害防止に関する国家の基本的義務

　一般国際法上，国家は**越境環境損害防止義務**を負う．これは**相当の注意義務**であり，**領域使用の管理責任**（トレイル熔鉱所事件仲裁判決，コルフ海峡事件ICJ〔国際司法裁判所〕判決）を端緒としつつも，環境保全を目指し，国家の管轄を越える地域の問題までも射程範囲に含む．**国連人間環境宣言第21原則**で提唱され，その後多くの条約で明記され，国際判例もその法的地位を認めた（核兵器使用の合法性事件ICJ勧告的意見，ガブチコヴォ・ナジュマロシュ事件ICJ判

129

決，ウルグアイ河パルプ工場事件ICJ判決）．また，国家は**緊急事態通報義務**を負う．これは，国際判例からも導かれる（コルフ海峡事件ICJ判決）．**国際水路の非航行利用**については，衡平利用の原則に基づき，河岸国は他国の水利用に重大な悪影響を与える恐れがある活動について，**事前通報・協議義務**（ラヌー湖事件仲裁判決）および**環境影響評価義務**を負う．**重大な越境環境リスクを伴う活動一般**に関する事前通報・協議義務および越境環境影響評価の義務の存在については，肯定的な立場に立つと解釈されうる国際判例（ウルグアイ河パルプ工場事件ICJ判決）もあるが，その論旨には不明瞭な点もある．学説も分かれており，条約を含む国家実行の欧米偏在などから肯定説には疑問が残る．ただし，**ILC越境損害防止条文草案**などを考慮すれば，これらの義務が**形成途上**にあることは間違いないだろう．

（4）国際環境法の基本的な原則 ── 予防原則など

国際環境法では，通常の意味での法原則とは区別される基本的な原則 ── **予防原則，共通だが差異のある責任の原則，持続可能な発展の概念**など ── が，法の定立と実施，紛争解決の場面で一定の機能を担う．これらは，国際組織の決議（**リオ宣言**など）をはじめ，条約の前文，基本原則に関する規定などで明記され，条約に基づく具体的な規制措置に反映されることも多い．そのうち**予防原則**は，損害発生の蓋然性または発生しうる損害の程度について科学的に不確実な環境リスクに対処し，適切な措置をとることを導く．多くの環境問題に不可避な**科学的不確実性**が回復不能な損害の発生防止を妨げることを防ぐ．

（5）国際環境法の履行確保

多くの多数国間条約は，義務の遵守確保・促進のためのメカニズムを導入する．これは，国家責任法の適用による義務の履行確保の限界を補う．条約機関による遵守の検証 ── **報告・審査手続，不遵守手続**など ──，遵守支援・誘因付与 ── **開発途上国に対する財政・技術支援**の仕組みや，市場原理に基づくメカニズム（たとえば京都議定書の**京都メカニズム**） ── の導入である．他方で，1990年代後半より，二国間問題の性質をもつ環境問題につき国際裁判で義務違反が争われた例もある．（核実験事件〔再審請求〕，MOX工場事件〔OSPAR条約仲裁，UNCLOS〔国連海洋法条約〕仲裁〕，ジョホール海峡埋立て事件〔UNCLOS仲裁〕，ガブチコヴォ・ナジュマロシュ事件，ウルグアイ河パルプ工場事件）．しかし，諸事情より現段階でその有効性は未知数である．

(6) 環境損害の救済

1950年代より，国際法上適法な高度に危険な活動から生じる損害については，**負担の公平性**の観点から**厳格責任主義**に基づく損害賠償制度を導入する条約がある（海洋汚染に関する油濁民事責任ブリュッセル条約，航空機損害に関する外国航空機第三者損害ローマ条約，原子力損害に関する原子力民事責任ウィーン条約，宇宙損害に関する宇宙条約および宇宙損害責任条約など）．近年では，環境損害の救済のため，厳格責任主義に立ち**民事賠償責任**を強化する多数国間条約が増えつつある（ブリュッセル条約全面改正議定書，ウィーン条約全面改正議定書，有害廃棄物越境移動バーゼル条約責任議定書，南極条約環境保護議定書責任附属書など）．しかし，現実の適用での限界――国内訴訟手続上の問題など――，国家の管轄を越えた地域の環境損害の救済など，課題も多い．

事例演習

◆第1問◆

アジア地域に所在するA国は，自国領域内の沿岸地域でのMOX燃料（酸化プルトニウムと酸化ウランの化合物）を扱う大規模な原子力発電所の建設と操業の許可を決定した．

同地域で海をはさんでA国と向かい合うB国は，同施設の建設および操業に伴い，さらに事故が発生した場合にはとりわけ，自国の沿岸海域と公海を含む周辺海域の環境が重大な悪影響を受ける恐れがあると考え，同施設の操業を停止したうえで，環境影響評価の実施，その結果の公表，関連情報の提供および協議の実施を，A国に対して要請している．また，欧州地域に所在する海運国のC国も，A国の同施設の建設と操業が公海を含む海洋環境に対して重大な悪影響を与える恐れについて懸念をもち，A国に対して同様の要請を行っている．

けれどもA国は，B国およびC国が懸念するようなリスクはないとし，両国の要請に応じない．なお，A国，B国およびC国は国連海洋法条約（UNCLOS）および原子力安全条約の当事国である．

◆**設問** 国際法上，B国およびC国はどのような措置をとることができるだろうか．

解 説

1）本設問は，MOX工場事件（2001年UNCLOS仲裁付託，同年ITLOS暫定措置命令）を参考に，一部変更したものである（ただしMOX工場事件では，欧州委員会が欧州共同体(EC)の排他的権限を根拠にアイルランドのEC設立条約違反などを主張してEC裁判所に提訴した結果，アイルランドの同違反が認定されたため，UNCLOS第XV部に基づく手続きは事実上終了した．他方で，ジョホール海峡埋立て事件では，類似の暫定措置命令を受けて実施された協議を通じて両当事国〔マレーシアとシンガポール〕間で合意が成立し，仲裁付託は取り下げられた）．

2）この事案では，3つの点──①UNCLOS，原子力安全条約および一般国際法上，同施設の建設と操業，または，立地の許可についてA国がどのような義務を負うか，②同施設の操業が海洋と他国の環境に重大な悪影響をあたえるおそれについてA国とB・C国間で見解が一致しないことが，どのような法的意味をもつか，③以上のことを前提に，B国およびC国はA国に対して何を，またどのように請求できるか──について検討する必要がある．

3）まず，一般国際法上，国家は越境環境損害防止義務を負う．また，UNCLOSの下で，締約国は海洋汚染防止義務（194条），自国の管轄または管理の下で計画している一定の活動に関する環境影響評価の実施，およびその結果の公表義務（206条）を負う．また，原子力安全条約に基づき，原子力発電所の建設がその近隣にある締約国の領域に影響を与える恐れがある場合には，当該締約国との協議義務および要請に基づく当該締約国に対する情報提供義務を負う（17条(iv)）．さらに，重大な越境環境悪影響を与える恐れのある活動一般につき，それを管轄または管理する国家は，事前通報・協議と越境EIAの義務を負うとする見解も有力であり，少なくともこれらの義務は形成途上にある．なお，A国の同施設から生じる海洋汚染は，陸にある発生源からの汚染だが，これを規制するための法的拘束力のある国際的な規則および基準は，現段階では一般条約として存在しない．また，国家領域内における原子力施設の建設や操業を実体的に制限する条約も存在しない．

4）以上のことを前提に，B国およびC国としては，A国による上記義務の不履行，少なくとも同施設の建設と操業，または，立地の許可をめぐる一連の事前手続の不実施を理由に，国際請求を提起することが考えられる．UNCLOS上の義務をめぐっては，また，UNCLOS第XV部の定める紛争解決手続を利用できよう．その際，B国とC国の有する法的利益の性質を考慮し，両

国を分けて考える必要がある．

　5）B国は，UNCLOSの下で，まずA国に対して紛争解決のために意見交換を要請できよう（283条）．ここでは，科学的見解の相違解消も目指されるだろう．それでも解決できない場合には，両国があらかじめ選択している裁判手続に訴えることができる（287条）．その際にB国の請求としては，A国によるUNCLOS前述規定の定める義務違反の認定，それら手続的義務の履行命令，および，手続的義務の履行を完了するまでの間における操業実施の差止めを主張することができよう．さらに，事件を付託された裁判所が終局裁判を行うまでの間，B国は，工場の操業差止めを含む暫定措置命令を要請することもできる（290条）．また，原子力安全条約上の義務については，A国およびB国間でICJへの付託合意などに基づきICJの裁判管轄権が認められたり，仲裁裁判への付託合意が成立したりすれば，これらの手続を利用できよう．さらに，ICJへの付託に際して，B国は仮保全措置命令の要請ができよう．

　6）けれども本事案では，原子力施設の建設と操業が海洋環境またはB国の領海に重大な悪影響を与える恐れの有無につき，両当事国間で見解が異なる．この点は，予防原則の適用の有無により，A国またはB国のいずれにとって有利に作用するかが異なる．予防原則が法原則として一般国際法上確立している，またはUNCLOS第XII部もしくは原子力安全条約17条で採用されているならば，B国は同施設の操業が海洋環境または自国の領海に悪影響を与える可能性を証明しさえすれば，たとえ科学的に不確実性があろうとも，A国に対して実体的および手続的な観点から適当な予防的措置をとることを要求でき，A国はそのような可能性の不存在を反証できないかぎり，B国の要求にしたがわなければ国際法違反となる．けれども，現段階では一般国際法上またはUNCLOS第XII部もしくは原子力安全条約17条において，法原則として予防原則が適用されるとは言い難いので，逆に，B国が同施設の建設と操業が海洋環境または自国の領海に悪影響を与えることの蓋然性を科学的に証明できなければ，A国はそのような義務を負うとは言い難い．したがって本事案では，B国は前述した措置をとろうとする際に，相当因果関係に関する重大な立証責任を負うことを覚悟する必要がある．

　7）なお，MOX工場事件でも当事国間で科学的見解の完全な不一致があったが，ITLOSはこの点を重視し，暫定措置命令において相互の協議などにより見解不一致の解消に努めるべきことを，両当事国に要請した．したがって，

設問の事案においても，B国がITLOSに暫定措置命令を要請した場合には，司法裁量により同様の命令が出される可能性はある．

8）C国も，A国に対して紛争解決のために意見交換を要請できる（283条）．しかし，それでも解決できない場合に，UNCLOS（287条）の下で両国が予め選択している裁判手続きにC国は訴えることができるかどうか．従来，国際裁判所は「民衆訴訟」に消極的であった（南西アフリカ事件ICJ判決〔本案〕）が，一定の人権条約上の義務について，その条約の趣旨・目的を考慮し，いかなる締約国にも他の締約国による違反を追及する原告適格を認める判決（ベルギー対セネガル事件ICJ判決〔本案〕）が出ている．この先例に着目すれば，UNCLOSの締約国としてC国は公海を含む海洋環境の保護及び保全に共通利益を有することから，C国に原告適格が認められる可能性もある．ただし，問題となる条約義務が海洋汚染の発生と直接関係のない手続的性質のものであることについて，考慮する必要があるだろう．また，環境保全の分野でこのような原告適格を認めた先例はなく，前述の先例も唯一であることから，現段階ではその認容可能性は明らかではない．他方で，もしも原告適格が認められなければ，C国にとっては外交上の要請の継続以外に有効な手立てはないだろう．

第2問

　X河は，A国とB国との国境を形成する越境河川である．X河には，両国が50年前に締結した同河川の非航行利用に関する二国間条約が適用されている．この条約は，締約国にX河の水利用に関する権利を相互に尊重する義務を課すとともに，水利用に関する具体的な事項を扱う政府間委員会の設置を定める．

　A国は，自国領域内の同河岸におけるパルプ工場の建設と操業について，民間事業者からの申請を受け，自国の国内法令に基づき環境影響評価（EIA）を実施し，その結果を含めて同計画についてB国に通報し，同国の要請により政府間委員会で協議を開始した．2年間の協議を経ても両国間で合意が成立しないため，A国は当初の計画通り同工場の建設と操業を許可した．これを受けて同工場は1年前より操業を始めている．

　これに対してB国は，既にX河の水を利用した同工場から同河への排水が同河の深刻な水質汚染を引き起こし，周辺の生態系を著しく破壊するとともにX河の水を飲料水とする住民に深刻な健康被害が生じ，さらに，同工場から放出された悪臭をともなう煤煙が自国領域内に流れ込み，自国周辺地域の観光産業

を減退させたと考えている．また，以上の損害は，パルプ工場の立地場所の不適切さと，同工場における適切な汚染防止装置の未設置によるものと考えている．

◆設問　国際法上，B国はA国に対して何を請求できるか．

> 解　説

1）本設問は，ウルグアイ河パルプ工場事件（2010年判決〔本案〕）を参考にした設問である．

2）この事案では，X河の深刻な水質汚染，生態系の破壊および住民の健康被害，また越境大気汚染のそれぞれについて，2つの点を検討する必要がある．第一には，両国間の二国間条約または一般国際法上，パルプ工場の建設と操業の許可および操業に際して，A国がどのような義務を負うかである．第二には，B国が主張するような損害が生じているとすれば，A国はいかなる法的責任を負うかである．

3）まず，A国は越境環境損害防止義務と国際水路の衡平利用義務を負う．いずれも一般国際法およびB国との二国間条約に基づく義務である．同条約は前者の義務を明記しないが，国際判例によれば，既存の条約は締結後の一般国際法の発展を考慮して解釈される（ガブチコヴォ・ナジュマロシュ事件ICJ判決，ウルグアイ河パルプ工場事件ICJ判決）．そして，A国は一般国際法上，X河の水利用を伴うパルプ工場の建設と操業について，事前通報・協議義務に加えて越境EIAを実施する義務を負う．いずれにせよ，A国はパルプ工場の建設と操業につき越境EIAを実施し，事前通報と協議を行った．ゆえに，A国は，前述の義務のみならず，一般国際法上形成されつつある越境環境危険活動一般に関する越境EIA，事前通報・協議の義務も，履行したことになる．事前協議義務は潜在的被影響国に拒否権を与えるものではないので（ラヌー湖事件仲裁判決），合理的な期間と推定される2年間の協議を経ても合意が成立しなかった本件では，B国は越境EIA，事前通報・協議義務の違反を主張することはできない．

4）他方で，B国が主張するような損害が現実に生じているとすれば，A国の負う越境環境損害防止義務の不履行が問題となりうる．そして，B国の主張するようにパルプ工場の不適切な立地と汚染防止装置の未設置が同損害の発生に直接寄与しており，かつ，より適切な立地の決定と汚染防止装置の設置が同損害の防止のためにA国に合理的に要求されるものである場合には，A国は

「相当の注意」を怠ったことにより，一般国際法および二国間条約に基づく越境環境損害防止義務の違反を問われうる．

5）ゆえに，B国は，X河の深刻な水質汚染，生態系の破壊および住民の健康被害，また越境大気汚染の発生，さらにA国の相当の注意の欠如を立証することにより，一般国際法および二国間条約に基づきA国が負う越境環境損害防止義務違反を根拠に，一定の救済措置を請求することができる．具体的には，発生した損害への賠償の支払い，再発防止の確約，パルプ工場の操業差止が想定される．ただし，国際裁判を通じて請求するためには，A国との間で裁判付託のための合意が必要である．なお，その際，パルプ工場の操業継続によりB国に回復不能な損害が発生する急迫した危険があるときには，B国は裁判所に暫定措置命令を要請することもできよう．

【参考文献】
臼杵知史＝西井正弘編『テキスト国際環境法』（有信堂高文社，2011 年）
国際法学会編『日本と国際法の 100 年 —— 開発と環境』（三省堂，2001 年）
児矢野マリ『国際環境法における事前協議制度 —— 執行手段としての機能の展開』（有信堂高文社，2006 年）
同「越境損害防止」村瀬信也＝鶴岡公二編『変革期の国際法委員会』山田中正大使傘寿記念（信山社，2011 年）
同「環境リスク問題への国際的対応」長谷部恭男編『リスク学入門 第 4 巻 —— 法律とリスク』（岩波書店，2007 年）
髙村ゆかり「国際環境法における予防原則の動態と機能」国際法外交雑誌 104 巻 3 号（2005 年）
松井芳郎『国際環境法上の基本原則』（東信堂，2010 年）

第 21 章　国際紛争処理

論　点

（1）国際紛争処理と国内紛争処理

　近代国家型国内社会における紛争処理のあり方は，私的暴力による解決の禁止と，それに代わるものとして国家が提供する強制管轄権をもった裁判（所），そして，その裁判の欠点を補うために，補助的に考案されてきた様々な **ADR** (Alternative Dispute Resolution)，すなわち裁判に代替する紛争解決手段（**代替的紛争解決手段**）というものである．そこには最後には裁判で白黒をつけるという，**裁判中心的**な，階層的な発想がみられる．これは集権的な国家制度を前提として成立している構図である．

　これに対し，国際社会における紛争処理のありようは，以下のようにまとめることができる．まず，暴力による解決，すなわち武力行使（戦争）による解決は，国連体制の下で，法規範的には禁止されるに至った．しかし，分権的な国際社会では，一般的に強制管轄権をもつ裁判所は存在しない．国連憲章 33 条は，国連加盟国が採用すべき，裁判も含めた様々な紛争処理手段を列挙するが，それら諸手段の間に階層関係や，優先関係はない．平和的手段であるかぎりにおいて，どの手段を採用するかは各国の**選択の自由**に委ねられている．裁判は紛争解決の中心的手段ではなく，重要だが，あくまで 1 つの選択肢なのである．そこで，どのような場合，どのような紛争に対して，どのような処理手段を採用して解決を図るのがよいのか，それぞれの手段の特徴やそれが機能する条件を，具体例をふまえて理解しておくことが重要となってくる．

（2）国際裁判は紛争の解決にどのようにつながるか

　国際裁判所が採用してきた定義によれば，国際紛争とは「法律問題または事実問題についての不一致，二者間の法的見解または利益の対立」（PCIJ，マヴロマティス事件）であり「係争中の政府の 1 つが他の政府のとる態度が前者の政府の見解に反することを確認する時から，意見の相違が表明される」（PCIJ，

上部シレジアのドイツ人の利益に関する事件）とされる．簡単にいえば国際紛争とは「利益の対立や意見の相違」と見るものであって，国家間の見解の対立に焦点を当てる見方である．さて，このような対立や相違が存在しても，それが直ちに裁判手続きにつながるわけではない．既存の事実状態の維持をはかることなどを目的に，当事者の一方が**紛争の存在を否定**することがある．その場合には，まず交渉などにより，紛争の存在を紛争の両当事国で確認することが必要となる．次に，**請求の原因（主張の法的根拠）を特定**することが必要である．これが特定されなければ，単なる政治的・道義的非難と区別できず，裁判すべき対象が定まらないからである．このような点がクリアされ，また裁判所の管轄権について両当事国の同意が得られてようやく裁判が開始されることになる．

　この後の評価は，「紛争の解決」の定義に関わる．裁判所による事実認定の上での法の解釈・適用によって，法的問題に決着がつくことをもって解決と定義するならば，裁判の結審をもって解決ということになる．しかし，ここでは，現実に生じている生の紛争が解消することをもって解決と解することとし，そのような意味での紛争の解決に裁判がどのようにつながるかを考えておきたい．裁判所の**管轄権に関する同意**が，紛争発生後に当該紛争に関して与えられたような，当該具体的事件を裁判にかけることについての同意が，真性のものである度合いが高いケースの場合，その後の裁判所による司法的判断に従うことで紛争が解決に向かう確率が高い．それは，具体的な線引きまで要請したいくつかの海洋境界画定に関する事件のように，司法的判断による決着がそのまま紛争の解決となる場合もあれば，北海大陸棚事件の場合のように，当事者の外交交渉を阻害していた法的問題（この場合は等距離原則は慣習国際法か否か）に法的決着をつけることによって，その後の外交交渉の再開を可能にし，その際の出発点を確定するということによって，最終的な解決に向けてのステップを築く（部分的解決，裁判のパーツ化）といった形もありうる．管轄権に関する同意が，選択条項受諾宣言などのように事前の包括的なものであったり，あるいは革命などにより前政権と全く対立的な立場にたつ新政権が前政権が締結した友好関係条約の紛争解決条項に基づき訴えられた場合で，当該具体的紛争について裁判にかけることについては必ずしも**真性の同意**がないような場合には，判決は出ても，生の紛争そのものの解消には直ちにはつながらないこともありうる．

これに対して準司法裁判ともいいうるWTOの場合，WTOに加盟することによって，WTOの紛争解決機関に実質的には強制的管轄権を認める同意を与えたのと同じことになってしまう．この場合には，同意が事前で包括的ではあるけれども，どのWTO当事国も，WTOの紛争解決メカニズムで紛争を処理すること，ひいてはその枠組みの下で自由貿易の利益を享受し続けることについて，トータルには賛同していると推定できるので，最終的な調整に時間がかかるケースもあるが（たとえばEUのバナナ輸入制度事件や，牛肉ホルモン事件など），おおむねWTOメカニズムでの紛争処理をもって紛争の解決として受け入れているといえる．

ICJにせよWTOにせよ，判決・判断によって紛争の解決がもたらされるには，どのような形であれ平和的に当該紛争に決着をつけた方がよいという判断や，当該問題・紛争よりも両国間の関係の安定化の方が重要だという判断があり，また，裁判という第三者による判断を利用することによって，国際的にも国内的にも紛争を**脱政治化**できること（国際的な緊張を緩和したり，政府が国民など関係者の納得を得やすい），外交交渉よりも短時間で結論が出るなど紛争処理のコストが低くて済む，などといった判断が，両当事国にあることが重要な条件となる．

（3）WTOにおける紛争処理とICJの紛争処理

WTOはその1995年の発足後17年足らずの間に，すでに約450件を超える事件を処理してきた（年平均26.4件）．これに対してICJが1945年の発足から64年の間に処理してきた事件は136件，勧告的意見を含めても162件にとどまっている（年平均2.5件，2013年1月現在）．等しく国際社会における紛争処理のメカニズムである両者の，このような違いは一体何に由来するのであろうか．

第一に，入り口の問題，すなわち**管轄権**の基盤の違いが挙げられよう．ICJは，その制度設計の際に強制管轄権を盛り込むことが出来ず，管轄権は個別国家の同意に依存する．これに対し，WTOはその紛争処理機関であるパネルと第二審に相当する上級委員会への事件付託，およびそれぞれの報告書のDSB（Dispute Settlement Body，紛争解決機関）による採択手続きが，GATT時代のコンセンサス制度から，逆の**ネガティブ・コンセンサス制度**に変更になった結果，ほぼ自動化され，そのため，実質的に強制的管轄権をもっているのと変わらない状況になったのである．片や任意管轄，片や強制管轄，すなわち，

WTOはICJのいわば「見果てぬ夢」強制管轄権を手にしたというわけである．任意管轄であっても，国家がそれを望めば問題ないのであるが，ICJの選択条項受諾宣言の受諾率は平均して3割程度に止まっている．

　この点とも関連するが，次に適用法規の違いがある．ICJはほぼあらゆる国際法問題を対象とするが，適用法規たる国際法はかならずしもあらゆる問題に関し明確なルールが十分に整備されているとはいえない．これに対し，WTOが使うのはWTO協定の定める通商問題に限定されており，しかもGATT時代からの先例の蓄積もあり，協定解釈の一定の部分はそれによってかなり明確に定まってきている．前者ではそれだけ予測可能性が低く，後者では高い．このように対象分野の実体ルールの充実度と紛争処理手続きのありようには一定の連関が見て取れる．単純に，常に強い紛争処理手続きが受け入れられるわけではない．

　このほかにも，そもそもWTOが今のような制度設計になった事情など，種々の理由が考えられようが，重要なことは，あるタイプの紛争処理手続きが機能する条件の整い具合は，問題分野ごとに異なることを理解することである．

（4）国際環境問題の解決と裁判型紛争（問題）処理

　国際環境問題と一口にいっても，たとえばトレイル熔鉱炉事件のような**二国間の越境型環境問題**と，地球温暖化やオゾン層の破壊といった**地球規模での環境問題**では，その性格が異なり，その処理・対応のために適切な手段は必ずしも同じではない．ここで問題とされている，裁判という手段が有効に機能するためには，いくつかの前提条件がある．まず，加害者・被害者が特定されること，また，問題とされる被害とその原因行為について因果関係が明確に確定・証明されること，などがそれである．越境型環境問題の場合には，これらの条件は比較的整いやすい．しかし地球温暖化やオゾン層の破壊のような地球環境問題の場合，程度の差はあるにせよ，我々すべてが，加害者であると同時に被害者であることが多い．また，原因についてかならずしも常に科学的判断が一律的に定まっていなかったり，科学的不確実性の度合いが高く，その明確な確定や証明が困難なことがある．これらの条件が仮に満たされたとしても，さらに，裁判のもたらす帰結の適切性の問題がある．通常裁判でもたらされる帰結は，加害者・責任者への処罰・賠償・罰金といった負のサンクションである．しかし，たとえば，オゾン層保護のための特定フロンガスの使用中止

と適切な処理の必要性を認めつつも（だからこそ条約の当事国となっている），国の経済発展の不十分さから，その対応措置をとるに必要な資金や専門家などを用意できないために，条約義務を守れないようなケースで，罰金を課すなどというのはナンセンスである．その国はますます対応措置のための資金を欠くようになるだけで，オゾン層保護という条約目的の達成には貢献しない．そこで，こうした条約に設けられる**不遵守手続き**と呼ばれる制度の中で，条約義務が遵守できない場合に，それが悪意のフリーライダーでない場合には，むしろ条約締約国全体で，遵守できるよう支援する（資金供与，技術援助・移転等々）という，裁判制度とは異なる手法が工夫されることになるのである．

事例演習

第1問

　A国とB国は，かつてはヨーロッパのC国により，1つの植民地として支配されていた．その後植民地独立の過程で，宗教と民族の違いを軸としてA・B2つの国に分裂して独立した．両国の間にあるD地域は，Aと同じ宗教の支配者により統治されていたが，住民の大半はBと同じ宗教を信仰している．D地域は自らも独立を望んだがかなわず，その後予定されていた帰属をめぐる住民投票は実施されないまま，結局，Dの支配者の決定によりAに帰属することとなった．以後，AB両国は民族的・宗教的に激しく対立し，D地域の領有権を争ってきたという経緯があり，実効支配線地帯には今も両国の軍隊が駐留し緊張状態にある．両国が加盟している地域的政治機構Xは，国際紛争解決について，政治的，歴史的，宗教的な非法的要因をも考慮した仲介及び国際調停を行う権限をもつ．D地域をめぐって，両国はこれまでにも暴力の応酬を含む衝突を繰り返しているが，Xが介入して両国間の対立の背景を考慮しながら処理してきており，A国は常にXによる解決に向けての努力に協力的であった．

　近年，D地域でA国民の信仰する宗教に対する侮蔑行為がB国民により行われたことで，両国間の緊張が高まった．遂には，いずれからか判然としないまま双方の軍隊が発砲するに至り，現在も小規模な武力衝突が続いている．

　AB両国とも国連加盟国であるが，いずれも国際司法裁判所規程36条2項の選択条項は受諾していない．他方，両国は友好関係条約を締結しており，その紛争解決条項は次のように規定する．「両当事国は，両当事国間の紛争を国

連憲章 2 条第 3 項および同 33 条に従い，平和的に解決する義務を負い，交渉，審査，仲介，調停，仲裁裁判，司法的解決，地域的機関または地域的取極の利用その他当事国の選ぶ平和的手段による解決を求めなければならない．」

今回の紛争解決のための方法についての両国間協議で B 国は，この条項を根拠として，次のように裁判による解決を主張した．「両国間の紛争は，A 国軍隊の発砲による武力衝突をめぐる紛争としてとらえられ，A 国による国連憲章 2 条 4 項違反を争点とする法律的性質をもつ．両国とも，紛争の平和的解決義務を負っており，両国間の紛争は，本条項に規定する仲裁裁判または司法的解決が適当である．A 国は，この紛争の裁判による解決に同意すべきである．」これに対し A 国は，両国の対立のより広い背景を考慮する X による解決が望ましいとの見解を表明している．

◆設問　B 国の主張について，A 国の立場からの反論を理由を付して述べなさい．なお，国連による紛争解決については論じなくてよい．

解　説

1）本設問は，インドとパキスタンのカシミール紛争をイメージしてはいるが，全く架空の問題設定である．

2）憲章 33 条に酷似する紛争解決条項により，一方で紛争の平和的解決義務は課されているが，解決手段の決め手は与えられておらず，解決手続き間の階層性もない．これは，紛争当事者が解決手段選択にあたって広範な自由を有するということを意味し，一方的にある手段に合意すべきであるとはいえないことになる．

3）そこで次に，当該紛争と裁判という紛争処理手段との適合性という観点から，このケースにおける紛争をどのように捉えるかを考える必要がある．B 国は，本件を憲章 2 条 4 項違反という形で，適用する法規範が存在するという意味での法律的紛争ととらえている．そして，法律的紛争の解決には仲裁裁判や司法的解決が適合的と一般的には考えられている．しかし，法律的紛争とは当事者が法を適用して解決することを求めている紛争と解するべきである．本件は，宗教的要因を背景とする D 地域をめぐる全体的・構造的争いの一局面にすぎず，この今回の発砲事件以降だけに限定して憲章 2 条 4 項を適用するのは適当ではない．この争いは，非法律的紛争（政治的紛争）とみるべきものであ

り，当事者の一方がこのように考えている以上，裁判は適当な解決手段とはいえない．実際，この争いにはこれまでも政治的・宗教的その他の要因を広く考慮することの可能な解決手段を用いる権限をもつ地域的機関Xが介入し，それなりに紛争を収め機能してきている．他方，本件のような全体的・構造的問題の一部のみを裁判で処理した在テヘラン米国大使館人質事件の場合，結局，紛争が最終的に解決するには第三国の仲介を待たねばならなかったのではなかろうか．

第2問

A国は戦後，クーデターの後，長らく親B国の国王の統治下にあったが，70年代の終わりに革命が起こり，反B国政権に政権が移った．この革命のさなか，A国の首都におかれたB国大使館が革命を支持する学生達を中心とする武装勢力により襲撃・占拠された．B国大使館員とその家族らが人質とされ，B国に事実上亡命を求めて入国していた元国王の身柄をA国政府に引き渡すようにとの要求がなされた．この襲撃の際，A国政府から派遣されていた警備要員は姿を消して襲撃を阻止せず，A国政府はB国大使館による再三の救助要請にも何らの措置も講じなかった．さらに，A国の最高指導者が，これら武装集団の行為を承認し，大使館の占拠と人質行為と元国王の引渡要求継続を決定した．

B国は，両国が共に締約国であるウィーン外交関係条約の「紛争の義務的解決に関する選択議定書」を根拠に，A国による同条約義務違反の認定，大使館の原状回復，人質の解放，責任者の訴追ないし引渡し，金銭賠償の支払いを求めてICJに提訴した．

これに対しA国は次のように主張した．「この事件の背景には，B国の諜報機関による195X年のクーデターと正統な国民政府の転覆，B国の支援を受けた国王による政権の復活など25年間におよぶA国の内政への継続的干渉があり，本件は，条約の解釈・適用の問題ではなく，またB国の内政干渉という全般的問題の周辺的かつ二次的な側面，いわば氷山の一角を示すにすぎないので，ICJは本件を全体の政治的文脈から切り離して審理することはできない．万一，本件が受理可能とみなされるとしても，B国の25年におよぶ非道な内政干渉は，それに対してA国がとった行動を十分正当化するに足る犯罪的活動を構成する．」

◆**設問** A国の主張について，裁判所の立場からの判断を理由を付して述べなさい．

【解　説】

1）在テヘラン米大使館人質事件をヒントにした仮説的事例である．A, B両国はウィーン外交関係条約の「紛争の義務的解決に関する選択議定書」の締約国であるためICJの管轄権は成立しており，いわば先決的抗弁として政治的紛争論が認められるかどうか，また，ウィーン外交関係条約のいわゆる「自己完結的」制度としての性格を考慮した場合にA国のとった措置が許されるか，という点も考えたい．

2）まず，A国のいうような政治的背景を理由に紛争の**受理可能性**を否定できるかを考えなくてはならない．提訴国Bは本件を，当該紛争に関して具体的な国際法の規則が存在するという意味での法律的紛争とみているのに対し，A国は，全体的・政治的文脈との不可分性を強調し，それ故裁判に不適と主張する．ICJは，このような場合，現実の国際紛争は通常，法的，政治的，経済的等さまざまな側面が混合しており，その法的側面をICJが解決することは紛争の平和的解決の促進にとって重要な要素でありうるとして，受理可能性を肯定してきた（**混合紛争論**）（テヘラン米国大使館人質事件，ニカラグァ事件）．これは，法律的紛争を当該紛争に関して具体的な国際法の規則存在する紛争と理解する立場ともみえるが，他方で法律的紛争と政治的紛争の伝統的二分論そのものを否定する立場とも理解できる．従来の二分論が，1つの紛争をトータルに法律的紛争か政治的紛争かに分類し，前者は法的処理手段に，後者は政治的紛争処理手段にまかせるべきと考えていたのに対し，この立場は，1つの紛争に異なる側面（法的，政治的）があり，それぞれに適した機関・手段がそれぞれの側面（例えば，裁判が法的側面）を処理することによって紛争（全体）の解決に貢献できるとみるものである．この考え方が，どのような条件・状況の下でも功を奏するといえるかについては，なお検討の余地があろう．また，外交関係法制度が国際関係の円滑な運営に果たしてきた重要性に鑑みて，決して周辺的，二次的な問題とはいえないということも，ICJとしてはここで指摘しておかなければならないであろう．

3）次に，B国の継続的な内政干渉を理由として，大使館の襲撃・占拠や大使館員等の人質行為が正当化されるかを考える必要がある．ウィーン外交関係

条約は，外交使節団の職員による任務違反を予見し，そのような違反に対抗するために**ペルソナ・ノン・グラータ**（同条約 9 条）という特定的な手段を用意しているし，より根本的には，接受国の自由裁量によって派遣国との外交関係を断絶する権利があるから，これ以外の手段は許されない，と考える（いわゆる**自己完結的制度**の考え方）のか，それとも，親 B 政権下での過去の権利侵害に対しては，それでは十分な責任を問えない為，対抗措置として許されると反論するのか．その際，ニカラグァ事件のように，逆に B 国を内政不干渉義務違反で訴えることが実際的なのかどうか，といった点も考えてみたい．一方で，ニカラグァ事件で敗訴した米国は判決を履行しなかった．他方で，判決後，米議会は政府のコントラへの資金提供を制限する法案を成立させ，米政府もコントラ支援から反政府政治勢力への資金提供へと政策を変更し，選挙による体制転換につながるなど，判決の及ぼした影響は大きいとの評価もある．

【参考文献】

宮野洋一「国際紛争の解決と国際司法裁判所の機能に関する一試論」法学新報 95 巻 9=10 号（1989 年）

カー，E. H.（原彬久訳）『危機の二十年』（岩波書店，2011 年〔原著初版 1939 年〕）［第 12 章「国際紛争の司法的解決」］

モーゲンソー，H. J.（現代平和研究会訳）『国際政治 —— 権力と平和』（福村書店，1998 年〔原著初版 1948 年〕）［25 章「司法的解決」］

祖川武夫「国際調停の性格について」（初出 1944 年，同『国際法と戦争違法化（祖川武夫論文集）』〔信山社，2004 年〕に再録）

田岡良一『国際法 III〔新版〕』（有斐閣，1973 年）［前編第三章第一節］

山形英郎「国際紛争解決システムにおける司法的解決の意義」世界法年報 13 号（1993 年）

山形英郎「伝統的な政治的紛争理論と戦争違法化」山手治之＝香西茂編『国際社会の法構造 —— その歴史と現状』（東信堂，2003 年）

山本良「国際法上の「自己完結的制度」に関する一考察」国際法外交雑誌 93 巻 2 号（1994 年）

第 22 章　武力行使の規制

論 点

（1）「正戦論」から「戦争の自由」への転換

戦争を正しい戦争と不正な戦争とに区別し，正しい戦争のみが許されるとする「**正戦論**」は，近代初頭の**グロティウス**などにより有力に主張された．しかし，ローマ教皇を頂点とするキリスト教秩序から解放された独立・平等の**主権国家**より成る近代国際社会にあって，交戦当事国のいずれの側に**正当因**があるかを判定する上位の権威が存在しなくなったことから，18 世紀後半になると正戦論は次第に背後に退き，19 世紀になると国家の「**戦争の自由**」を広く認める考え方が一般的になった．

（2）連盟規約から国連憲章に至る戦争・武力行使の違法化

第 1 次大戦の惨禍を経て成立した**連盟規約**は，国家の「戦争の自由」を制限し，**戦争違法化**へ向けての第一歩を踏み出した．もっとも，連盟規約の下では，戦争の禁止は，**紛争の平和的解決**手続と連動した部分的なものにすぎず，戦争の一般的な禁止には至らなかった．1928 年の**不戦条約**は，一般的な形で戦争を違法化し，また普遍性も高い条約であったが，正式の「**戦争**」ではない「**武力の行使**」は，同条約に違反しないとの主張の余地を残すなど不十分なものであった．その反省を踏まえて**国連憲章**は，「武力の行使」やその威嚇を広く一般的に禁止した．

（3）「武力不行使原則」の慣習国際法化

国連憲章 2 条 4 項に盛り込まれた「**武力不行使原則**」は，今日，国連憲章上の制度である「**集団安全保障**」（第 23 章参照）から独立した慣習国際法上の原則とみなされ，さらには，そこからのいかなる逸脱も許されない規範として，国際社会全体が受け入れ認める「**強行規範**」とさえ主張されるようになっている．

（4）「武力の行使」と「武力による威嚇」との関係

「武力による威嚇」には，たとえば，軍事力による示威，国境紛争に際しての関係地域への軍隊の集結，他国沿岸海域への軍艦の派遣といった行為が考えられる．その「武力の行使」との関係については，未だ「威嚇」に止まっている段階であっても，「威嚇」のために用いられた「武力」が，実際に「行使」されたと仮定した場合に違法であれば，「威嚇」自体も違法と判断される可能性がある．

（5）「武力不行使原則」の内戦への適用

国連憲章 2 条 4 項は，「国際関係における」武力の行使を禁止するもので，一国内でもっぱら政府側と叛徒との間で闘われる純粋な**内戦**には適用されない．しかし，**内戦への第三国の介入**の場合には事情は異なり，叛徒側に立った介入は原則として違法である．「正当政府の要請」による政府側に立った介入は，伝統的には合法とされてきたが，**人民の自決権**に反する場合があること等を理由に違法であるとの主張もある．

（6）伝統的国際法の下での自衛権と国連憲章 51 条の下での自衛権

伝統的国際法の下での**自衛権**は，国家の基本権としての自己保存権の中の 1 つとして理解され，合法的侵害に対する措置を含む**緊急避難**と特に区別することなく，**急迫性・必要性・均衡性**の要件を満たすかぎりで広く認められていた．国連憲章 51 条の下での自衛権は，相手国の違法な「**武力攻撃**」に対する措置として，緊急避難とは区別され要件も厳格化されたとの理解がある一方で，同条が「**自衛の固有の権利**」を認めていることを根拠に，伝統的自衛権はそのまま存続しているとの理解もなお根強い．

（7）集団的自衛権の性質についての学説上の対立

集団的自衛権の性質については，①個別的自衛権の共同行使，②他国に係わる**自国の死活的利益の防衛権**，③**他国の権利の防衛権**，という 3 説がある．②が国家実行には近いと考えられるが，国際司法裁判所は，「ニカラグァ事件（本案）」判決で，**国際社会の一般的利益の擁護**という観点から③の立場を採用した上で，その濫用を防止するために，被害国による攻撃被害の「**宣言**」と集団的自衛権行使の「**要請**」を要件として付加した．

（8）個別的・集団的自衛権以外の武力行使正当化事由

「武力不行使原則」の例外として，①**在外自国民の保護**や，②**人道的干渉**が主張されることがある．①は，自国民の生命・財産に対する侵害を防止する

ため，②は他国における大規模な非人道的行為を阻止するために軍事介入する権利を主張するものであり，それぞれに一定の正当性は認められるものの，国際法上の権利として確立しているとまではいえない．

事例演習

◆ 第 1 問 ◆

A国を長年にわたり支配してきたX政権が革命によって打倒され，新たにY政権がA国を正式に代表する政府になった．B国はX政権下のA国とは友好関係を結んでいたが，Y政権下のA国に対してはイデオロギー上の理由から次第に敵対的な政策をとるようになった．

B国は，その友好国であるC国の反政府勢力に対してA国が武器弾薬などの援助をしているという理由で，A国の反政府勢力に対して武器を供与しA国に対する攻撃を行わせたり，自ら雇い入れた人員を使ってA国の空港や石油貯蔵施設を攻撃したりした．その際，C国はA国から「武力攻撃」を受けたと宣言したわけでもなければ，B国にA国への攻撃を要請したわけでもなかった．なお，A，B，C国は，いずれも国連加盟国である．

◆設問　B国の行為は，国連憲章 51 条が認める集団的自衛権の行使として正当化できるか．仮にB国による集団的自衛権の行使が認められないとした場合，A国によるC国の反政府勢力に対する援助に対して，いずれの国がどのような措置をとることができると考えられるか．

解　説

1 ）本設問は，1986 年の国際司法裁判所判決「ニカラグァ事件（本案）」を簡略化したものである．実際の事件では，米国の選択条項受諾宣言に付された多数国間条約の留保のために，裁判所は国連憲章を適用できず，慣習国際法に基づき判断を行ったが，設例ではそうした制限は設けられていない．

2 ）国連憲章 51 条は，「国連加盟国に対して武力攻撃が発生した場合」の「個別的又は集団的自衛の固有の権利」を認めている．B国の行為が集団的自衛権の行使として正当化できるためには，その前提として，B国の行為の対象となったA国の行為が「国連加盟国」に対する「武力攻撃」を構成することが

必要である．ここではA国のC国に対する行為が「武力攻撃」を構成し，B国はそれを根拠にA国に対して集団的自衛権を行使しうるかが問題となる．

3）国連憲章51条の「武力攻撃」の意味を解釈する際にしばしば参照されてきた「侵略の定義に関する決議」の3条(g)は，侵略行為の具体例の1つとして，「(同決議が列挙する侵略の他の具体的行為)に相当する重大性を有する武力行為を他国に対して実行する武装部隊，集団，不正規兵または傭兵の国家による派遣，もしくは国家のための派遣，またはこうした行為に対する国家の実質的関与」を挙げている．

4）設例でA国がC国の反政府勢力に対して行った武器弾薬などの援助は，「武力行為を他国に対して実行する武装部隊」等の国家による派遣に相当する行為とまでは言えず，C国に対する「武力攻撃」を構成しない．また，C国による攻撃被害の「宣言」や自衛権行使の「要請」も行われておらず，B国の行為は集団的自衛権の行使として正当化することはできない．

5）A国のC国に対する行為は，第三国であるB国による集団的自衛権の行使を正当化する「武力攻撃」には該当しないとしても，国連憲章2条4項に違反する可能性はある．友好関係原則宣言は，「武力不行使原則」との関係で「いずれの国も，他国において内戦行為……を組織し，教唆し，援助しもしくはそれに参加し，またはこのような行為を行うことを目的とした自国の領域内における組織的活動を黙認すること」を慎む義務に言及している．A国のC国に対する行為は，「他国において内戦行為を……援助」する行為に該当し違法である．もっとも，そうした違法行為に対しては，直接の被害国であるC国による「均衡のとれた対抗措置」が認められるにすぎず，集団的自衛権に類した集団的対抗措置は認められない．

◆第2問◆

A国は多民族国家であり，その中で多数を占めるX民族が政権を握り，少数民族であるY民族を抑圧していた．それに耐えかねたY民族は，A国からの分離・独立を目指す大規模な反政府デモを繰り広げた．これに対してA国政府は，軍や警察を動員して分離・独立運動を弾圧しY民族には数千人の死傷者が出た．A国政府のY民族に対する抑圧は国際社会の非難の対象となり，国連安保理は，国連憲章第6章のもとでA国政府の行為を非難し，同国政府に対してY民族の指導者との間で平和的な紛争解決のための交渉をもつことを勧告する

決議を採択した．しかし，A国政府はこれを受け入れず，Y民族に対する抑圧はさらに熾烈を極めた．

こうした中，Y民族の指導者はB国に対して，軍事介入を要請した．B国は，国連安保理による武力行使の許可（授権）決議には常任理事国による拒否権の行使が予想されたため，それを得ることなく，A国政府によるY民族に対する抑圧を止めさせるためのやむをえない措置であると主張して，X民族が多く居住するA国の首都に対する空爆を開始した．A国政府は，一方で，B国による軍事活動を非難したが，他方で，これ以上の損害を出すことを避ける必要から国連安保理の勧告を受け入れ，Y民族の指導者との交渉に応じる用意があることを表明した．なお，A，B両国は，ともに国連加盟国である．

◆設問1　B国の軍事介入は国連憲章第2条4項に違反すると主張する立場からその理由を説明しなさい．

◆設問2　B国の軍事介入が，国際法上合法的な行為であると主張しようとする場合，どのような論拠が考えられるか説明しなさい．

〔解　説〕

1）本設問は，1999年の北大西洋条約機構（NATO）によるユーゴ空爆の事例を参考に，それを単純化したものである．

2）設問1に関し，現在の国連憲章の下では，国際紛争は平和的に解決しなければならず（国連憲章2条3項），個別国家またはその集団による武力の行使は，原則として禁止されている（同2条4項）と解されている．B国の軍事介入は，A国の少数民族であるY民族の指導者の要請によるものであるとはいえ，叛徒側の要請による介入は，伝統的にも内政干渉として違法とみなされてきた．また，A国の首都に対して正規軍による空爆を行ったB国の行為は，「侵略の定義に関する決議」3条(b)で禁止される「一国の兵力による他国の領域に対する砲爆撃」にも該当し違法と考えられる．

3）もっとも，国連憲章2条4項は，あらゆる武力行使を禁止しているわけではなく，例外として，他国による武力攻撃があった場合の個別的・集団的自衛権の行使（51条）や，国連による軍事的措置としての武力の行使（7章）を明文で認めている．しかし，自衛権の行使が認められるためには，A国によるB国に対する「武力攻撃」の存在が前提となっていること，国連による軍事的

措置として認められるためには，少なくとも国連安保理による武力行使の「許可（授権）」が必要であり（『プラクティス国際法講義』23章 I 3 参照），設例では，いずれの事実も認められないため，国連憲章2条4項に違反する．

4）設問2に関し，国連憲章2条4項は，「すべての加盟国は，……武力の行使を，いかなる国の領土保全又は政治的独立に対するものも，また，国際連合の目的と両立しない他のいかなる方法によるものも慎まなければならない」と規定しており，そこで禁止されている武力の行使は「国の領土保全又は政治的独立」に対するものや，「国際連合の目的と両立しない……方法によるもの」に限られているとも解釈できる．

5）B国によるA国に対する武力の行使は，「A国政府によるY民族に対する抑圧を止めさせるためのやむを得ない措置」として行われたものであり，A国の領土保全や政治的独立を損なうものではない．また，国連安保理は，憲章第6章の下で，A国政府の行為を非難し，Y民族の指導者との間で平和的な紛争解決のための交渉をもつことを勧告する決議を採択していたにもかかわらず，A国政府はこの勧告に従わず，Y民族に対する抑圧を続けたのであり，これを黙認すればY民族の犠牲者はさらに増加したと考えられる．

6）本来ならば，国連安保理による「許可（授権）」を得るべきところ，拒否権行使が予想されその可能性もなかった以上，A国における大規模な人権侵害・迫害・残虐行為を止めさせる緊急の必要から，純粋に「人道的」理由に基づき軍事加入を行ったB国の行為は，「国連憲章の目的」とも両立し，憲章2条4項が禁止する武力の行使には該当しないと主張しうる．

【参考文献】

田畑茂二郎『国際法〔第2版〕』（岩波書店，1966年）［356-382頁］
田岡良一『国際法上の自衛権〔補訂版〕』（勁草書房，1981年）
柳原正治「イラク問題と国際法 ── 武力行使に対する国際法の有効性」法学教室 281号（2004年）［6-10頁］
森肇志『自衛権の基層』（東京大学出版会，2009年）
森川幸一「国際紛争の平和的処理と強制的処理の関係 ── H. ケルゼンの学説を中心に」世界法年報20号（2001年）［30-57頁］

第 23 章　平和と安全の維持

論 点

(1)「集団安全保障」の考え方が生まれた背景

「戦争の自由」が広く認められていた 19〜20 世紀初頭には，軍事同盟間の**「勢力均衡」**を維持することが国際平和に寄与すると考えられた．しかし，「勢力」の客観的判断は実際には困難なため，両陣営は互いに自陣に有利な均衡を求める．その結果，勢力均衡は**軍拡競争**を招きやすい．勢力均衡の破綻から生じた第 1 次世界大戦への反省から，戦後，対立関係にある国をも含めた 1 つの集団の内部で**武力の不行使**を約束し合い，すべての国が力を結集して**侵略**を排除することで被害国の安全を保障しようとする**「集団安全保障」**の考え方が導入されることになった．

(2) 国際連盟の集団安全保障と国際連合のそれとの違い

集団安全保障を最初に制度化したのは連盟だが，①**戦争の禁止が部分的**，②違反の認定と制裁の発動を各国が個別に判断する**分権的体制**，③**経済制裁**を重視し**軍事制裁は補助的**といった特徴があった．これに対して国連では，連盟での失敗を踏まえて，①**武力行使**の一般的禁止，②「**侵略**」等の認定と集団的措置の決定を国連の機関である安保理が行う**集権的体制**，③**軍事的措置の重視**といった特徴をもつ，より集権的で強力な集団安全保障体制が導入されることになった．

(3) 冷戦期における集団安全保障の変容と冷戦後の変化

冷戦期には，安保理の投票手続に組み込まれた「**拒否権**」のために，国連の集団安全保障は機能不全に陥り，国連憲章 51 条の**個別的・集団的自衛権**に基礎を置いた東西軍事同盟（NATO と WATO）間の**勢力均衡**が国際安全保障の現実を支配した．冷戦が終結した 1990 年代に入って，安保理内での合意形成が比較的容易になったことを背景に，国連憲章で想定された**集団的措置**を実際に発動したり，現実の国際関係に適合する形で，その内容を変形・発展させ

たりする慣行が現れるようになってきている．

（4）国連平和維持活動（PKO）の生まれた背景と国連憲章上の根拠

冷戦の結果，国連憲章で当初想定された「国連軍」が組織できない中，紛争当事者間に介在することで，紛争の悪化を防止し紛争解決のための条件整備に寄与するPKOが国連の慣行として発展した．その国連憲章上の根拠には当初疑義が示されたこともあったが，今日では，「後に生じた慣行」，「黙示的権能」，「有効性の推定」の法理などを使って説明されている．

（5）冷戦期のPKOと冷戦後のそれとの違い

冷戦期を通じて確立された従来型のPKOには，①紛争当事者の**同意・協力**，②要員提供の**任意性**，③紛争に対する**公平性**，④**国連事務総長**による**指揮・統制**，⑤**自衛以外での武力行使の禁止**，といった共通の特徴が見られた．冷戦終結後，**同意原則**や**公平原則**にとらわれず，国連憲章7章の下で**強制性**を付与された新タイプのPKOが現れるようになり，従来型のPKOの実践を通じて形成された原則と，憲章7章の下での強制性の付与を，どのように両立させていくかが今後の課題となっている．

（6）武力紛争法による兵器規制と軍縮・軍備管理としてのそれとの違い

武力紛争法は，**過度の傷害**または**不必要な苦痛**を与える兵器や，特定の**軍事目標**のみを対象とすることのできない**兵器の使用**を禁止する一般原則を含んでおり，新兵器の登場に柔軟に対応できる利点がある．他方で，その一般性・抽象性のゆえに具体的な適用に際して，解釈上の争いを生み出す可能性がある．その点，禁止すべき兵器を特定したうえで，その開発・生産・保有・移転・配備の禁止や廃棄等を諸国に義務づける**軍縮条約**は，**兵器規制**という観点からはより進んだものということができる．

（7）現在の核不拡散体制の問題点

1968年の**核不拡散条約（NPT）**は，核兵器国と非核兵器国との差別を固定化する不平等条約であるとの批判があり，非核兵器国への核不拡散を実効的なものにするためには，核兵器国による一層の**核軍縮**が求められている．また，非核兵器国への核不拡散の課題に加えて，今日では，**非国家主体**（とりわけ**テロリスト**）への核の拡散防止策が課題となっている．

（8）対人地雷禁止条約やクラスター弾に関する条約の特徴と課題

1997年の**対人地雷禁止条約**と2008年の**クラスター弾に関する条約**は，いずれもNGOが推進役となり，その使用に加え，開発・生産・取得・移譲・保

有も含めた全廃が必要との立場から成立した．ただ，米・ロ・中といった軍事大国が不参加で，その**普遍性の確保**が今後の課題となっている．

事例演習

◆第1問◆

A国の民間航空機が，何者かが仕掛けた爆弾によって爆破され，乗客・乗員の全員が死亡した．A国はこの事件にB国の諜報機関が関与していることを突き止め，事件の責任者としてXら3名を特定した．Xら3名はいずれもB国内に所在していたため，A国は自国でその刑事責任を追及するために，B国に対してXらの身柄の引渡しを求めた．

これに対してB国は，「民間航空の安全に対する不法な行為の防止に関する条約（モントリオール条約）」を根拠にXらの引渡しを拒否したため，A国は自ら常任理事国を務める国連安保理に問題を持ち込み，安保理決議を通じてXらのA国への引渡しをB国に強制しようと試みた．

国連安保理は，B国によるA国に対するXらの引渡拒否が，「国際の平和と安全に対する脅威」を構成するとした上で，国連憲章7章の下で，B国がA国へのXらの引渡しに速やかに応じること，一定の期間内に引渡しが行われない場合には，国連加盟国に対して，B国に対する非軍事的措置を発動することを義務付ける決議を採択したが，B国はこれに反発し，なお引渡しは実現していない．

なお，A国，B国は，いずれも国連憲章およびモントリオール条約の締約国である．

◆設問1　モントリオール条約を根拠とするB国の引渡拒否に対して，A国としては，Xらの引渡しをB国に要求するためにいかなる国際法上の主張が可能か．

◆設問2　国連安保理を使ってB国に圧力をかけようとしているA国の行為に対して，B国としてはいかなる国際法上の主張が可能か．

解説

1）本設問は，1992年の国際司法裁判所命令「ロッカービー事件（仮保全措

置)」の事実を基に創作したものである．実際の事件では，裁判所の管轄権を基礎づけるためにモントリオール条約の紛争解決条項（14条1項）に依拠する必要があったが，設例では，そうした制約は設けられていない．

2）設問1に関し，モントリオール条約は，不法かつ故意に行う「業務中の航空機を破壊」する行為を犯罪行為と定め（1条1項(b)），各締約国は「1条に定める犯罪行為について重い刑罰を科すことができるようにすることを約束」している（3条）．また，「犯罪行為が自国に登録された航空機に対し」て行われた締約国は，犯罪行為につき自国の裁判権を設定するために必要な措置をとることとされている（5条1項(b)）．加えて，「犯罪行為は，締約国間の現行の犯罪人引渡条約における引渡犯罪」とみなされ（8条1項），また，自国と犯罪人引渡条約を締結していない締約国から犯罪人の引渡しの請求を受けた場合には，「随意にこの条約を犯罪人引渡しのための法的基礎とみな」しうる旨，定めている（同2項）．

3）設例でXらの行った行為は，モントリオール条約上の犯罪行為に該当し，A国は航空機の登録国として当該犯罪行為に刑事管轄権を行使しうる．また，B国は，たとえA国との間に犯罪人引渡条約を締結していないとしても，モントリオール条約を引渡しの法的根拠とすることができる．

4）もっとも，モントリオール条約は，「犯罪行為の容疑者が領域内で発見された締約国は，その容疑者を引き渡さない場合には，……訴追のため自国の権限のある当局に事件を付託する義務を負う」（7条）と規定しており，B国は自国で処罰することを理由にXらのA国への引渡しを拒否することが考えられる．しかし，B国に対してXらのA国への引渡しを要求する国連安保理決議は，国連憲章7章下の決議であり，25条によって法的拘束力を有し，また，103条に従って他のいずれの国際協定に基づく義務にも優先するため，B国はモントリオール条約を根拠にXらの引渡しを拒否することはできない，と主張できる．

5）設問2に関し，B国は，Xらを訴追するために自国の権限のある当局に事件を付託することができ，一般国際法上も，また，モントリオール条約上も，XらをA国に引き渡す国際的義務を負っているわけではない．A国はそれにもかかわらず，XらのA国への引渡しをB国に強制するという目的のためのみに，国連安保理を利用したものである．国連憲章7章に規定されている強制措置は，本来，一国の他国に対する「侵略行為」等に対処するためのもので，

第23章　平和と安全の維持　　155

その目的や機能は,「国際の平和と安全」を直接に志向する「警察機能」に限定されていた. 強制措置の決定については, 安保理に一定の裁量権が認められているとはいえ, 国際法上何ら義務のない行為を行わせる目的で, B国に物理的な強制を加えることを可能とする当該安保理決議は, 安保理の裁量権を逸脱するもので無効である, といった主張が考えられる.

第2問

A国が同国内にある国際運河の国有化を宣言したため, 同運河に利権を有するB国はA国に軍隊を派遣し, A国とB国との間には敵対行為が開始された. この問題に対して, 当初国連では, 国際の平和と安全の維持に主要な責任を負う安保理で審議が行われたが, B国は安保理で拒否権を有する常任理事国でもあったことから, 安保理は何ら有効な措置をとりえなかった. そのため, 1950年に採択された「平和のための結集決議」に基づき, 急きょ招集された緊急特別総会で, 当該問題が審議されることになった.

緊急特別総会は, 紛争当事国に対して即時停戦を求めると共に, 国連事務総長に対して, 停戦を確保し監視するために, 関係国の同意を得て, 緊急国連部隊を派遣するための計画を提出するように求める決議を採択した. この決議に基づき, 両国間に停戦協定が成立したため, 国連総会は, 国連加盟国から任意に提供された部隊によって構成され, A国内の停戦ラインに沿って展開する国連緊急軍を派遣した. この部隊の派遣に要した経費は, その後, 総会決議によって国連加盟国に割り当てられることになった. これに対して国連加盟国であるC国は, 総会には国連緊急軍を派遣する権限はないこと, またその活動は国連憲章に明示的な根拠を有しないこと等を理由に分担金の支払を拒否した.

◆**設問1** 総会には国連緊急軍を派遣する権限はないとのC国の主張に対して, どのような反論が可能か.

◆**設問2** 国連緊急軍の活動は国連の活動とは認められず, 分担金の支払義務はないとのC国の主張に対して, どのような反論が可能か.

解 説

1) 本設問は, 1962年の国際司法裁判所の勧告的意見「国連経費事件」を単純化したものである.

2）設問1に関し，国連憲章24条は，国連の迅速かつ有効な行動を確保するために，国際の平和と安全の維持に関する主要な責任を安保理に負わせている．しかし，安保理の責任は「主要な」責任であって「排他的な」責任ではない．国連憲章11条2項は，総会に対しても，明示的に国際の平和と安全の維持に関する問題を討議し，関係国に対して勧告を行う権限を定めている．

3）もっとも11条2項に基づく総会の権限には一定の制限が存在することも事実である．第一に，安保理が憲章によって与えられた任務を紛争または事態について遂行している間は，総会は安保理の要請がないかぎり，いかなる勧告もしてはならない（12条）．第二に，「このような問題で行動を必要とするもの」については，討議の前または後に総会によって安保理に付託されなければならない（11条2項末文）．

4）設例では，常任理事国であるB国の拒否権によって安保理では有効な措置がとれなかったことが前提となっているため，12条の制限は適用されない．また，11条2項末文にいう安保理が先議すべき「行動」とは，国連憲章第7章に基づく「強制行動」を意味するものと解されるところ，関係当事者の同意に基づき派遣された緊急国連軍は「強制行動」には当たらないため，同条項の制限も適用されない，との反論が可能である．

5）設問2に関し，国連憲章17条2項にいうところの「機構の経費」とは，一般に機構の目的の達成に要する費用である．それゆえ，問題の活動が国連の目的を達成するためのものか，またその経費がそうした活動を促進するためのものか，が問題となる．国連がその目的の達成のためにとる措置は，機構の権能を逸脱しないものと推定される．設例の活動は，停戦の確保と監視を任務とするもので，事態の平和的解決を促進し確保するという国連の目的と任務を達成するためのものであることは明らかであるため「機構の経費」に当たり，C国には分担金の支払義務がある，との反論が可能である．

【参考文献】
高野雄一『集団安保と自衛権』（東信堂，1999年）
香西茂『国連の平和維持活動』（有斐閣，1991年）
村瀬信也編『国連安保理の機能変化』（東信堂，2009年）
阿部達也『大量破壊兵器と国際法』（東信堂，2011年）
黒澤満編著『軍縮問題入門〔第4版〕』（東信堂，2012年）

第 24 章 武力紛争法

論 点

（1）戦時国際法の特徴
　伝統的な**戦時国際法**は，平時国際法に対比される概念で，国家が戦争意思を表明して正式の**戦争状態**（内戦の場合は**交戦団体の承認**）が存在しないかぎり適用されなかった．また，第1次世界大戦前に締結された条約の多くは，交戦当事国中に条約の非締約国が1つでも含まれていれば，締約国である交戦当事国相互間でも条約の適用を排除する（ただし，慣習法化した規則を除く）**総加入条項**を含んでおり，その点でも適用が制限されていた．

（2）武力紛争法の適用条件
　戦争違法化にともない，正式の戦争状態が成立することがほとんどなくなる中，現在の**武力紛争法**は，戦争状態の成立の有無にかかわらず，**武力紛争**が存在すれば，**国際的武力紛争**だけでなく，一定の条件を満たす**非国際的武力紛争**にも適用される．また，**総加入条項**は廃され，紛争当事国に条約の非締約国が含まれていても，締約国相互間では条約が適用される．このように**武力紛争法**は，戦時国際法に比べて，適用条件の客観化・拡大化がはかられたとはいえ，例えば，非国家主体が関与する「**対テロ戦争**」にも適用されるかなど，その適用条件をめぐってはなお争いがある．

（3）武力紛争法の成立基盤
　伝統的な**戦時国際法**であれ，現在の**武力紛争法**であれ，その発展に**人道的考慮**という要素が重要な役割を果たしていることは否定できない．他方で，武力紛争法は，人道的考慮のみで成り立っているわけではない．武力紛争という過酷な現実の中で法が実効性を発揮しうるためには，国家の**軍事的必要**にも一定の考慮を払う必要がある．軍事的必要を上回る非人道的な戦闘の手段・方法こそが禁止される．「武力紛争法は**軍事的必要**と**人道的考慮**のバランスの上に成り立っている」といわれるゆえんである．

（4）武力紛争法の平等適用への戦争違法化の影響

伝統的な**戦時国際法**は，戦争に訴えること自体の合法性を問わず，交戦当事者の平等性を前提としていた時代に発展した．そのため，第1次世界大戦後の**戦争違法化**は**武力紛争法の差別適用**（侵略国の権利の否定）をもたらしたかという問題が議論されるようになった．しかし，現在では学説，国家実行ともに平等適用論が有力である．

（5）戦闘の手段・方法の規制に関する武力紛争法の基本原則

戦闘の手段・方法の規制に関しては，多くの条約規則から抽出された**基本原則**として，①**目標区別原則**（軍事目標主義）と②**過度の傷害や不必要な苦痛を与えることの禁止**がある．前者は，**文民**と**戦闘員**，**民用物**と**軍事目標**とを区別し，前者に対する攻撃や両者を区別しない**無差別攻撃**を禁止するもの，後者は，**戦闘員**に対して**過度の傷害**または**不必要な苦痛**を与える兵器の使用や戦闘方法を禁止するものである．こうした**基本原則**による規制は，条約で明確に禁止されていない**新兵器**にも柔軟に対応できる利点がある一方，その一般性・抽象性ゆえに具体的な適用に際して解釈上の争いを生じさせるという問題点もある．

（6）文民保護の範囲の拡大

文民とは，一般に**戦闘員**以外の者をいう．保護の対象となる文民の範囲は，条約の発展に伴い徐々に拡大される傾向にある．**占領地**の文民の扱いについては，ハーグ陸戦規則に若干の規定があったが，**1949年のジュネーヴ文民保護条約**は，**占領地の住民**のみならず，**敵の権力内にある住民**にも保護の範囲を拡大した．さらに，**1977年の第1追加議定書**は，文民保護条約では保護の対象になっていなかった**自国内にある文民**についても，軍事行動から生じる危険からの一般的保護を規定している（48条）．

（7）武力紛争法の履行確保手段

紛争の平和的解決が破綻した中で生じる**武力紛争**という極限状況の下で，紛争当事者にいかに法を守らせるかは，武力紛争法の最大の課題である．伝統的な**戦時国際法**の下では，相手国の違反行為に対して，均衡性と必要性を満たすことを条件に，同等の違反行為で対抗する**戦時復仇**が，武力紛争法を履行させるための有効な手段の1つとして，広く認められていた．しかし，**ジュネーヴ諸条約**が各条約の被保護者に対する復仇措置を禁止するなど，第2次大戦後は，徐々に制限される傾向にある．それに代わって，**利益保護国**，

国際事実調査委員会など客観的第三者機関による監視・審査・調停，国際刑事裁判所による事後的処罰などが注目されている．

事例演習

第1問

　A国とB国は，第2次世界大戦中，互いに戦争状態にあったが，A国はB国により軍事占領された．占領中にB国は，A国に対して，同国における軍国主義的団体Xの解散とその財産の収用を命じた．この命令を受けてA国は，Xの財産を補償なしに収用した後，当該財産を私人Yに売却した．

　占領終了後Xは，Yを相手取り，ハーグ陸戦条約に付属するハーグ陸戦規則46条2項の「私有財産ハ，之ヲ没収スルコトヲ得ス」という規定を根拠に，B国がA国に命じた行為は無効であり，収用された財産はXに帰属することの確認を求めて，A国の国内裁判所に提訴した．

　A国とB国は共にハーグ陸戦条約の締約国であったが，同条約の非締約国Cも B国の共同交戦国としてA国と戦争状態にあった．

◆設問1　Xは，ハーグ陸戦規則を訴えの根拠として援用することができるか．仮にできないとした場合，他にどのような国際法上の根拠を援用することが考えられるか．

◆設問2　私有財産の尊重と没収禁止の規則に照らして，B国の行為が国際法に違反しないと言えるためには，どのような条件が必要か．

解　説

　1）本設問は，1966年の東京地裁「水交社事件」を簡略化したものである．

　2）設問1に関し，ハーグ陸戦条約2条は，交戦国のすべてが条約の締約国でないかぎり，締約国相互の関係においても条約は適用されない旨の「総加入条項」を含んでいる．「総加入条項」は，1949年のジュネーヴ諸条約を始め，第2次世界大戦後に締結された条約からは姿を消すことになるが，戦後補償関係の訴訟など，第2次世界大戦時の行為を対象とする訴訟では，なお，その効果が問題となりうる．

　3）本設例では，ハーグ陸戦条約の締約国であるA国，B国以外にも，条約

の非締約国CがB国の共同交戦国としてA国との戦争に参加していたことから，「総加入条項」の効果として，同条約はともに締約国であるA国とB国との関係にも適用されず，B国の行為の違法・無効を条約自体を根拠にして争うことはできないということになる．

4）もっとも，ハーグ陸戦規則に含まれる規則のうち，慣習法化した規則については，A国とB国との戦争にも適用可能であり，原告としては，なお，慣習国際法を根拠として争う途が残されている．私有財産の尊重と没収禁止を定める46条2項の規定が，そうした慣習法化した規則にあたるとすれば，その限りで，B国の行為は違法・無効であり，その有効性を前提としたA国の収用行為も無効であると主張できる可能性がある．

5）設問2に関し，ハーグ陸戦規則46条2項に定められた私有財産の尊重と没収禁止の規則が慣習国際法上の規則でもあると考えられるとして，それは絶対的なものであろうか．それが占領目的を実現するためのやむをえない軍事的必要から合法化される可能性がないかをさらに検討する必要がある．

6）実際の「水交社事件」判決では，この点の判断に立ち入ることなく，ポツダム宣言の降伏条項の実施に必要かつ適切な措置として，B国の行為を国際法上合法的な行為としたが，設例のように，仮にそうした条件が存在しなかったとすれば，どのように判断されたであろうか．

7）A国の占領に反対することが予想されるXの解散は，占領軍の軍事的必要に照らして肯定されるとしても，その財産を補償なしに収用することまでもが許容されると言えるためには，軍国主義的団体とされるXの性格上，その財産的基盤を完全に喪失させることで当該団体の復活可能性を排除することがB国の占領政策にとって不可欠であり，そうした軍事的必要性が占領地住民の私有財産の保護という考慮を上回っている，という条件が必要であろう．

◆第2問◆

A国とB国は国際的な武力紛争状態にある．B国が化学兵器を用いたA国本土への無差別攻撃を準備しているとの情報を察知したA国は，B国に対して，そのような攻撃が実際に行われた場合には，B国内の人口希薄地に集結しているB国の精鋭部隊を小型の戦術核兵器で攻撃するとの通告を行った．なお，A国とB国は，ともに1949年のジュネーヴ諸条約および1977年の2つの追加議定書の締約国であるが，A国のみが化学兵器禁止条約の締約国である．

◆設問1　B国が，仮にA国に対する化学兵器による無差別攻撃を行ったとした場合，その行為はいかなる国際法に違反する可能性があるか．

◆設問2　A国の核兵器による威嚇は，武力紛争法のいかなる原則・規則に違反する可能性があるか．

◆設問3　A国の行為が，仮にそれ自体としては武力紛争法の原則・規則に違反する可能性があるとして，その違法性が阻却される可能性はないか．

┌ 解　説 ┐

1）本設問は，1991年の湾岸戦争時に米国がイラクに対して行ったとされる核兵器による威嚇の実例を念頭に置きつつ，1996年の国際司法裁判所の勧告的意見「核兵器使用の合法性事件」を参考にして創作したものである．

2）設問1に関し，B国は化学兵器禁止条約の締約国ではないため，仮に化学兵器を使用したとしても，同条約の違反となることはない．もっとも，化学兵器の使用禁止は既に慣習法化しているとの見解もあり，化学兵器の使用自体が慣習国際法違反にあたる可能性がある．

3）また，設例では，B国のA国への攻撃は，文民と戦闘員，民用物と軍事目標とを区別しない無差別攻撃であるとされている．無差別攻撃は，戦闘の手段・方法の規制に係る武力紛争法の基本原則の1つである目標区別原則（軍事目標主義）に違反し，1977年の第1追加議定書51条5項によっても明文で禁止されている．したがって，B国のA国に対する化学兵器による攻撃は，それらの原則・規則に違反する可能性がある．

4）設問2に関し，ある特定の場合に武力を行使すること自体が違法ならば，そうした武力を行使することの威嚇も同様に違法と考えられる（『プラクティス国際法講義』第22章 II 3 参照）．したがって，A国の核兵器による威嚇の合法性を判断するためには，威嚇が行われた状況に照らして，A国がB国に対して実際に核兵器による攻撃を行った場合の法的評価を行う必要がある．

5）化学兵器の場合とは異なり，現在までのところ，核兵器それ自体を禁止する条約は存在しない．しかし，核兵器の使用は，戦闘の手段・方法の規制に係る①目標区別原則（軍事目標主義），②過度の傷害や不必要な苦痛を与えることの禁止，という武力紛争法の2つの基本原則に適合するものでなければな

162

らない．A国による核兵器の使用は，人口希薄地における敵国軍隊に対して行われることを想定しているため，①の原則の要件は満たすものと考えられる．もっとも，たとえ戦闘員のみを殺傷する場合であっても，核兵器による攻撃は，戦闘員に多大の苦痛と後遺症を残し，その非人道性は否定できない．

6）問題は，②の原則との関係で，そうした非人道性を凌ぐ軍事的必要が認められるかである．B国による化学兵器の使用によって，A国に多数の文民被害が生じることが予想され，それを回避するための唯一の手段が核兵器使用の威嚇であること，他の通常兵器使用の威嚇では，同様の効果が期待できないことが明らかである，といった状況が存在しないかぎり，核兵器による威嚇はそれ自体としては，②の原則を満たさず違法となると考えられる．

7）設問3に関し，A国によるB国への核兵器使用の威嚇は，2）および3）で見たように，B国のA国に対する化学兵器による違法な攻撃を前提としている．A国がB国に対して実際に核兵器を使用した場合，仮に，上記②の原則に照らして，その行為自体は違法だとしても，B国の違法行為に対する戦時復仇として違法性が阻却される可能性はないか．

8）ジュネーヴ諸条約は，条約の被保護者に対する戦時復仇を禁止している．しかし，A国が通告したのは，B国の軍隊に対する核兵器の使用であり，かかる戦時復仇は，ジュネーヴ諸条約による禁止の対象にはなっていない．そのような場合，戦時復仇に関する国際慣習法の規則が適用され，A国の復仇行為には，B国の違法行為との均衡性や必要性が求められることになる．

【参考文献】
田中忠「武力規制法の基本構造」村瀬信也＝奥脇直也＝吉川照美＝田中忠『現代国際法の指標』（有斐閣，1994年）［203-334頁］
藤田久一『国際人道法〔新版・再増補〕』（有信堂，2003年）
村瀬信也＝真山全編『武力紛争の国際法』（東信堂，2004年）
森川幸一「核兵器と国際法」金沢工業大学国際学研究所編『核兵器と国際関係』（内外出版，2006年）［171-203頁］

総合演習

◆ 総合演習 1

　1946 年に建国された A 国は，X 人，Y 人，Z 人をはじめとする複数民族から成る多民族国家で，X 共和国，Y 共和国，Z 共和国の連邦制をとっていた．X 共和国では X 人が，Y 共和国では Y 人が，それぞれの人口の 90% 以上を占めていたのに対して，Z 共和国は Z 人が 50%，X 人が 35%，Y 人その他が 15% という人口構成であった．連邦政府においては建国以来，X 共和国および X 人の力が強く，1990 年代後半からは連邦の権限強化政策がとられたため，Y 共和国や Z 共和国では不満が高まっていた．

　2000 年 8 月の Z 共和国議会議員選挙で，Z 国の独立を訴える Z 独立党が過半数を獲得すると，同年 10 月 1 日には Z 共和国議会が，Z 共和国全域を国土とする Z 国の独立と Z 国政府の樹立を宣言するとともに，Z 国領域内からの A 国軍の撤退を要求した．しかし，A 国は Z 国の主張を認めず，A 国軍を増派したため，A 国軍と Z 国軍の戦闘が拡大した．また，Z 国内の X 人住民の多数は独立に反対しており，「X 人解放軍」を組織して Z 国軍のみならず Z 人住民への攻撃を展開した．「X 人解放軍」は作戦の遂行，武器の供給，財政面などにおいて A 国政府および A 国軍と緊密な関係を保っていた．他方で，かねてより A 国と対立関係にあった B 国は，「Z 国の独立を祝する」との声明を同年 10 月 2 日に発表するとともに，Z 国との間で外交使節団の交換に合意した．

　独立宣言から 1 年後の 2001 年 10 月の時点では，Z 国が自国領域と主張する地域のうち，Z 国政府の実効的支配がおよんでいるのは 50% 程度であり，その他は A 国軍支配地域および戦闘継続地域であった．戦闘継続地域の 1 つでは，同年 5 月に，「X 人解放軍」による Z 人住民約 4000 人の虐殺事件（「5 月事件」）が発生した．独立宣言から 3 年後の 2003 年 10 月には，Z 国政府の支配地域は 90% 程度にまで増加し，Z 国と外交使節団を交換する国は 100 ヵ国程度となったが，C 国をはじめとする A 国の同盟国のいくつかはこれに含まれなかった．

　C 国内の法人甲は 2003 年 8 月に，Z 国の行政機関乙が Z 国法上で著作権を

保持する映画につき，C国内での独占的上映権を乙との契約で獲得していたところ，C国内でテレビ局を経営するC国法人丙が同年11月に，甲や乙の事前の許諾を受けずに当該映画の一部をニュース番組で使用した．C国は1975年以来，「文学的及び美術的著作物の保護に関するベルヌ条約」（以下，ベルヌ条約）の当事国であり，Z国は2003年9月に同条約に加入していた．

以上の事実関係を前提に，以下の設問に答えなさい．

◆設問1　国際法の観点からB国の2000年10月2日の行為を評価しなさい．

◆設問2　A国が1960年以来，「集団殺害罪の防止及び処罰に関する条約」（以下，ジェノサイド条約）の当事国であることを前提としたとき，A国は「5月事件」における虐殺行為そのものについて，同条約違反による国家責任を負うか．

◆設問3　C国はベルヌ条約上，乙の著作権を保護する義務を負うか．

解　説

本設問は，国際司法裁判所の「ジェノサイド条約適用事件」（本案判決2007年2月26日）と，わが国の国内判例である「ベルヌ条約事件」（最高裁第一小法廷2011（平成23）年12月8日判決）を参考にした，架空の設例である．国家承認の要件，国家責任の発生要件，未承認国に対する多数国間条約上の権利義務関係などが論点になる．

〈設問1について〉

1）新国家の成立が主張される場合に，既存国家がそれを認める行為を国家承認という．国家承認の方式としては，承認の意思を直接に表明するもの（明示的承認）と，行為を通じて間接的に示すもの（黙示的承認）があり，外交使節団の交換は黙示的承認の典型例とみなされている．したがって，国際法上，B国はZ国に対して国家承認を与えたことになる．

2）国家承認の意義については，創設的効果説と宣言的効果説の対立が知られている．いずれの立場をとるにせよ，国家承認は「新国家」が国家の資格要件を充たした後になされなければならない．資格要件を充たしていない段階で行われた国家承認は，尚早の承認とみなされ，国際法上違法である．国家の資格要件とは一般に，明確な領域，永久的住民，政府，他国と関係を取り結ぶ能

力であるとされる．これらのうち，「明確な領域」の要件は領域紛争や国境紛争の不在を意味するものではない．しかし，「政府」の要件によって当該領域に対する実効的支配の存在が必要とされることを考えると，Z共和国議会による独立宣言がなされただけの段階で，しかも母国であるA国が独立阻止の具体的行動をとる中で行われたB国の国家承認は，尚早の承認として国際法上違法と結論することが可能であろう．

〈設問2について〉

1）国際法上，A国に国家責任が発生するには，国際違法行為の存在という客観的要件と，当該国際違法行為のA国への帰属という主体的要件が，ともに充足されなければならない．

2）まず，客観的要件について検討する．国際違法行為とは国際義務の不履行ないし違反であり，作為でも不作為でもありうる．ジェノサイド条約は，ジェノサイドを実行した個人を処罰する義務およびジェノサイドを防止する義務を明記している．しかし本設問では，「『5月事件』における虐殺行為そのものについて」の「A国の」責任の有無が問われているので，国際違法行為が存在するには，当事国が自らジェノサイドを行わない義務もが同条約によって課されていることが必要である．「ジェノサイド条約適用事件」判決では，条約上明文化されてはいないこの義務の存在が，条約解釈によって肯定された．

3）次に，主体的要件について検討する．すなわち，「5月事件」における虐殺行為が，ジェノサイド条約2条で定義されたジェノサイドにあたると仮定した場合に，当該ジェノサイド行為がA国に帰属するかを考えなければならない．設例によれば，ジェノサイド行為の主体は「X人解放軍」である．「ジェノサイド条約適用事件」判決に従えば，この「X人解放軍」の行為がA国に帰属するためには，次のいずれかが示されなければならない．①「X人解放軍」がA国の国内法上の国家機関であること．②「X人解放軍」がA国の単なる道具と言える程度にまでA国に完全に依存することにより，A国の事実上の国家機関とみなされること．③A国の指示または指揮もしくは支配によりジェノサイド行為がなされたこと．この場合の支配とは全般的支配では足りず，個別具体的な行為に国家の実効的支配がおよぶことが求められる．設例では，A国およびA国軍と「X人解放軍」との間の緊密な関係の存在が言及されているので，その具体的内容によっては，②ないし③が立証される可能性があるだろう．

〈設問3について〉

1）国家承認を行うかどうかの判断は，国連加盟国が安保理決議によって不承認義務を負っている場合などを除けば，あくまでも各国に委ねられているとみなされる．承認を行う時期は国家ごとに異なるのが一般的であり，承認を行わないという対応もなされうる．その結果，ある国家にとっては承認国であるが他の国家にとっては未承認国であるという事態が，比較的長い期間存続する可能性が生じる．その間，多数国間条約に関しては，ある当事国にとっての未承認国家が条約に加入してくるということも十分に考えられる．C国が当事国であったベルヌ条約に，C国にとっての未承認国たるZ国が加入してきたという設例は，まさにこれにあてはまる．未承認国の条約加入そのものは，特に各国の一方的行為により加入できる開放条約の場合は，条約当事国にとって必ずしも黙示的承認を意味しないと解されている．

2）問題は，条約上の権利義務関係そのものが，未承認国との間で発生するか否かである．「ベルヌ条約事件」は，この問題に関わる数少ない裁判例の1つである．最高裁によれば，①多数国間条約の定める権利義務関係は，「普遍的価値を有する一般国際法上の義務」の場合を除いて，未承認国との間に直ちに生ずるものではない．②ベルヌ条約は条約当事国間における著作権の保護をはかるものであって，「普遍的価値を有する一般国際法上の義務」を規定しているとはみなされない．よって，同判決に従えば，C国とZ国との間にベルヌ条約上の権利義務関係は発生しないとして，同条約3条(1)(a)に基づくZ国国民の著作物を保護する義務を，C国は負わないとの立場をとることができそうである．他方で，未承認国の多数国間条約加入の際に，反対や条約適用留保の通告をしていない当事国は，当該未承認国との間における権利義務関係の発生について，黙認したものとみなされる余地があることを指摘する学説もある．

（深町朋子）

◆ 総合演習 2

　沿岸地域で隣り合うA国とB国は，長年，両国沿岸沖のX島の領有を争ってきた．1982年10月に両国は，X島を暫定的に両国の共同統治に置き，同島における単独の軍事基地の設置を両国に禁止するY条約を締結した（即時発効）．Y条約は，同条約の有効期間を20年と定めていた．

　1998年3月に，X島の一部を領土とするC国が，独立を宣言した．A国とB国は，同年9月にC国を承認し，Y条約を改正してX島の共同統治地域からC国の領土を外した．翌1999年6月にC国は，長年B国と敵対関係にあるD国との間で，自国領域にD国の軍隊の駐留を承認する相互防衛援助条約Zを締結した（即時発効）．

　以上の状況のなかで，同年11月にB国は，重大な事情の変化を理由にY条約の終了をA国に通告し，X島に単独で軍事基地を設置する準備を開始した．A国の抗議を受け両国間で外交交渉が続いたが，交渉が難航する中，2001年11月に，B国は，Y条約は失効しもはやこれに拘束されないとして，C国の領域部分を除くX島全域を自国領域に編入する国内措置をとり，同年12月にはX島に軍事基地を設置し使用し始めた．A国はB国に強く抗議したが，B国は受け入れない．

　さらにB国は，大統領令のみに基づき，A国籍をもつX島の全住民に居住地からの立退きを強制し，それに反対して抗議集会を行う住民に対して軍事力を行使し，住民に多数の死傷者が出た．この事態について，国連安全保障理事会は国連憲章第39条に基づき「平和に対する脅威」の存在を認め，B国に対して，X島のA国住民の立退きの強制と軍事力の行使を即時停止し，ただちにA国との平和的な交渉を開始するよう要請する決定を採択した．しかし，B国は軍事力の行使を継続し，A国住民に対する立退きの強制もやめず，A国との交渉にも応じない．

　A国とB国は国連加盟国であり，ウィーン条約法条約および国際人権規約B規約（自由権規約）の当事国である．

以上の事実関係を前提に，以下の設問に答えなさい．

◆**設問 1**　1999 年 11 月における B 国の行為は，国際法上いかに評価されるか．

◆**設問 2**　2001 年 12 月に B 国が X 島に自国軍事基地を設置し使用し始めたことは，国際法上いかに評価されるか．

◆**設問 3**　A 国籍をもつ X 島の住民との関係で B 国が行っている措置は，国際法上いかに評価されるか．

| 解　説 |

本設問は，架空の設例である．条約の終了に関する国際法規則，外国人の追放，生命に対する固有の権利などの国際人権法の諸規則，安全保障理事会の決定の効力などが論点になる．

〈設問 1 について〉

1）B 国が 1991 年 11 月の時点で，事情の根本的な変化による Y 条約の終了を根拠に，A 国の抗議に反して同地域に単独で軍事基地を設置する準備を開始したことの当否が問題となる．「事情変更の原則」（事情の根本的な変化）に基づき，Y 条約の終了が認められるか──ここでは，Y 条約の性質，および，生じた事実が事情の根本的な変化に該当しこの原則の適用を許すか否か──，が検討されなくてはならない．

2）まず，Y 条約は，あくまでも X 島の法的地位を，条約締結時の状況を前提に暫定的に定めたものと解すべきであろう．ゆえに，境界画定条約に相当するとはいえず，ウィーン条約法条約第 62 条 2 項(a)の適用はない．

3）次に，本件事案が事情変更の原則を援用できる場合に該当するか否かについて，検討が必要である．つまり，本件一連の出来事，すなわち C 国の独立と，それにともなう X 島の共同統治に服していた一部分の法的地位の変更（C 国の領域化），D 国と C 国間の Z 条約締結，および，C 国領域における D 国軍隊の駐留が，事情変更の原則を援用できる事情の根本的な変化に該当するか否かである．B 国は C 国を承認し，また，Y 条約を改正し，共同統治をしていた X 島の一部が C 国の領域であることを確認している．そして，Z 条約の締結は C 国による国際法上正当な主権の行使である．とすれば，一連の出来事を事情の根本的な変化と捉えて条約の終了を援用することは，B 国にとって国際法上

172

難しいだろう．条約法条約は事情変更の原則の適用を厳格に制限し，判例もその適用に消極的な傾向がある．ゆえに，B国はA国に対して，Y条約の終了を根拠に，軍事基地の建設準備を国際法上正当化することはできない．

〈設問2について〉

1) B国は2001年11月に，有効期間満了によるY条約の終了を根拠に，C国の領域部分を除くX島全域に対する自国の領有権を主張し，同地域の自国領域編入措置をとり，そこに自国軍事基地を設置し使用を開始した．これらに関する国際法上の評価を問う設問である．

2) Y条約は終了しこれに拘束されないというB国の主張については，Y条約の法的性質を検討する必要がある．第一に，期限付きで共同統治を定める条約は，通常，当該共同統治とそれに関する締約国の権利義務の暫定性を前提とするだろう．こうして，Y条約終了前のX島の共同統治に関するA国とB国間の権利義務関係は，暫定的なものと解される．ゆえに，ウィーン条約法条約第70条1項(b)にいう「条約の終了前に条約の実施によって生じていた当事国の権利，義務及び法的状態は，影響を受けない．」は，本事案には適用されない．

3) 第二に，この種の条約は多くの場合，条約期間満了に先立ち条約終了後の権利義務関係について当事国に交渉を実施する義務を課している．しかし，当事国間で別段の合意がなければ，交渉での合意不成立が条約終了の阻害原因になるとはいえまい．他方で，交渉義務の明記がなくとも，前述したこの種の条約が定める事項の暫定的な性格を考慮すれば，Y条約の有効期間満了後もX島に対する共同統治の存続を主張することは，法的に難しいだろう．ゆえに，Y条約は終了しこれに拘束されないというB国の主張は妥当である．

4) けれども，Y条約の終了後における，C国の領域部分を除くX島全域に対するB国の領有権の主張の当否は，本設問の事実からは明らかではない．A国とB国間に長年X島の帰属をめぐる争いがあったこと以外，X島をめぐる事情は不明だからである．ただし，Y条約は，その暫定的な性格から両国による領有権の主張を否定するものではなく，また，Y条約の失効以降，B国が領有権を主張すること自体は法的に問題ない．その一方で，X島の領有権を主張するA国との関係で，その主張の国際法上の当否が問題となる．

5) この点で，B国による同地域の領有権の主張がA国との関係で容認されれば，B国が同地域の自国編入措置をとり，そこに軍事基地を設置し使用することは，領域主権の行使として合法である．他方で，B国の領有権が認められ

なければ，それらの行為は法的根拠を欠き国際法違反となるのである．

〈設問3について〉

1）たとえ同地域に対するB国の領有権の主張が国際法上正当であるとしても，大統領令のみを根拠にA国籍をもつX島の全住民に居住地からの立退きを強制し，抗議集会を行う住民に軍事力を行使することは，国際人権法の観点から問題となる．第一に，B国による立退き強制措置は，以下の理由から国際法上許されない．まず，自由権規約第13条によれば，国家は自国領域内に合法的に滞在する外国人を，法律に基づいて行われた決定によらずに追放することはできない．ゆえに，大統領令のみを根拠に立退きを求める行為は違法である．また，自由権規約委員会によれば，この規定は外国人それぞれに対し，それぞれの事案に関する決定を受ける権利を認めているので，集団的もしくは大量の追放を認める法律または決定は，本条に反する（一般的意見15〔1986年7月22日採択〕）．ゆえに，A国籍をもつX島の全住民の立退き強制それ自体，同規定違反となりうる．さらに，同規約第12条4項が規定する自国に戻る権利は定住国に戻る権利も含むと解されるので，X島に定住しているA国籍の住民については，この点でも問題となりうるだろう．そして，B国が「非常事態における例外」としてこれらの義務を免れる（同第4条）可能性については，本設問はB国による緊急事態宣言に言及しないので，消極的に解される．

2）第二に，抗議集会の住民に軍事力を行使することは，まず，住民が有する生命に対する固有の権利を侵害するものとして，国際法上認められない（同第6条1項）．ゆえに，B国による住民に対する軍事力の行使は，国際法上許されない．また，同規約21条によれば，住民には集会の自由，すなわち平和的な集会の権利が認められるので，そもそも当該抗議集会に対する制限自体が国際法上許されるかどうかも問題となる．同規定は，「法律で定める制限であって国の安全若しくは公共の安全，公の秩序，公衆の健康若しくは道徳の保護又は他の者の権利及び自由の保護のため民主的社会において必要なもの」でなければ，この権利の行使に対する制限は許されないと定めるからである．なお，「非常事態における例外」としての制限が認められる余地が低いことは，上記1）の通りである．

3）国連安全保障理事会が採択した決定は，国連憲章第25条に基づいてB国を拘束する．ゆえに，これに従わないB国の行為は国連憲章違反を構成する．

4）以上のことから，B国がX島の当該地域に領有権を有するか否かにかかわらず，B国が住民に対してX島からの立退きを強制し，それに抗議する住民に軍事力を行使し，また，安保理の決定に反してそれを継続してA国と平和的な交渉を開始しないことは，国際法違反である．

（児矢野マリ）

◆ 総合演習 3

　国連安全保障理事会（以下，安保理）は，国際的なテロリスト集団が世界各地で実行する攻撃を平和に対する脅威と認定し，こうした攻撃に対応するため，テロリスト集団の関係者の資産を凍結するための決議を採択した．

　この決議は，前文の最後に「国際連合憲章第七章の下で行動して」と明記したうえで，すべての国が，自国民または自国の領域内の者および団体に対し，テロリストの行為を実行し，または，その実行に便宜をはかる者の利益のために，いかなる資金の利用も禁止する措置をとることを決定すると定めた．また，この決議の下で設立された委員会は，この措置の対象となる者および団体の名簿を作成し，定期的にこの更新を行うものとされた．

　Xは，この委員会が作成した名簿に名前が記載された者で，これにともなって，A国（国連加盟国）の銀行に預けていたXの資産が凍結処分を受けるに至った．A国は上記の安保理決議を実施するための法律を制定しており，この凍結処分はこの法律に基づいて行われたものであった．Xは，この処分の取消しを求めてA国の裁判所に提訴した．

　Xは，安保理の名簿への記載に際して，その理由を聞かされず，それに対して意見を述べる機会も与えられなかった．Xは，この訴訟で，上記決議に基づくA国の資産凍結処分は，A国の憲法およびA国が当事国である人権条約により保障されている，Xの防御権，特に聴聞を受ける権利，および，効果的な司法審査を受ける権利が侵害されたと主張した．

　以上の事実関係を前提に，以下の設問に答えなさい．

◆**設問1**　安保理は，国際テロリズムの防止のために個人の資産凍結を命ずる権限を有するか．

◆**設問2**　A国は，国際法上，本件の安保理決議に従う義務を負うか．

◆**設問3**　Xは，A国裁判所において，本件の安保理決議は，A国の憲法およびA国が当事国である人権条約に反して無効であるとの主張を提起することができるか．

> ### 解　説

　本設問は，欧州司法裁判所で争われたカディ事件（大法廷判決 2008 年 3 月 9 日）を参考にして，安保理の権限，安保理決議の効力，安保理決議と国内法との関係について問う問題である（安保理決議 1373, 1390 を参照）．

〈設問 1 について〉

　1）国際組織の権限に関しては，その基本文書で明示に規定された権限のみを行使できるという考え方（授与権限論）と基本文書に規定された任務の遂行に不可欠な権限を行使できるとの考え方（黙示的権限論）の対立があった．国際司法裁判所（ICJ）は，国連損害賠償事件（1949 年）で黙示的権限論の立場を示し，さらに，国連経費事件（1962 年）では「（国連が）明白に規定された目的を達成するために適切な行動をとることを決めた場合，かかる行動は権限踰越ではないと推定される」との見解を示すに至った．

　2）本件の資産凍結措置は，国連憲章第 7 章の下でとられた措置であり，その前提として，39 条に規定された，平和に対する脅威，平和の破壊，侵略行為のいずれかの存在が条件となる．これらの条件は，主として国家間の武力行使の事態を念頭においたものと考えられるが，近年では内戦における人権の大規模侵害，大量破壊兵器の拡散，国際テロリズムの支援等の事態に関しても，平和に対する脅威の認定が行われるようになっている．このような安保理の権限拡大に関し，懸念がないわけではないが，上記の ICJ の考え方に従えば，それを権限踰越とみることは難しい．

　3）本件では，平和に対する脅威が認定されているため，41 条と 42 条に従って必要に応じて一定の強制措置をとることができる．41 条では，非軍事的措置として経済関係，交通，通信等の中断や外交関係の断絶が挙げられているが，これは例示にすぎず，それに限定されているわけではない．たとえば，第 7 章の下で，犯罪人の引渡しの要求や個人の刑事責任を追及するための国際刑事裁判所の設置が認められている．こうした実行から，一般に，安保理には非軍事的措置の実施に関し広範な権限が与えられていると考えられている．本件において，安保理は，国際の平和と安全の維持・回復のため，個人の資産凍結措置を加盟国に命じることができると考えられる．

〈設問 2 について〉

　1）国際組織の決議は，内部事項に関するものを除き，一般には勧告的効力しかもたない．しかし，国際の平和と安全の維持に主要な責任を負う安保理に

は，加盟国に対し拘束力をもつ「決定」を行う権限が付与されている（憲章25条）．本件の決議が，前文の最後に「国際連合憲章第七章の下で行動して」という文言を付けているのは，この決議が法的拘束力をもつ決定を含むということを示す趣旨である．

2）こうした方式は，1977年の南アフリカに対する禁輸措置（決議418）以来用いられてきた．この種の決議において本文において「決定する」という文言が確定的に使用されている条項に関しては法的拘束力が付与されていると考えられる．本件の資産凍結措置は，まさにこの条件を満たすもので，したがって，A国はこの決議に従う義務を負うことになる．

3）もっとも，安保理決議が国際法の強行規範に反する場合，当該決議は無効になるという考え方もある（カディ事件・第1審裁判所判決）．しかしながら，人権に関して強行規範として論じられてきたのは，集団殺害や拷問の禁止あるいはノン・ルフールマン原則にとどまり，本件の聴聞を受ける権利等を強行規範として主張するのは難しい．

4）なお，国連憲章103条は，「憲章に基く義務と他のいずれかの国際協定に基く義務が抵触するときは，この憲章に基づく義務が優先する」と定めている．この規定は，安保理の決定にも適用されると理解されており（ICJ1992年ロッカビー事件・仮保全措置命令），したがって，A国は，他の条約に優先してこの決議に基づく義務を履行するよう求められる．しかし，安保理決議の実施に際して人権条約に反する措置をとることは，国連の目的（憲章1条）に照らして問題がある．実際，カディ事件等を契機として人権に配慮した改善措置が安保理でとられている．

〈設問3について〉

1）条約や慣習国際法が国内においていかなる効力をもつかは，各国の憲法が決定する事項である．安保理の法的拘束力をもつ決議にいかなる効力を認めるかも同様と考えられる．安保理決議の効力はそれぞれの国の憲法に照らして検討されることになる．

2）A国が安保理決議に国内的効力を認めていなければ，A国の裁判所が決議の無効を判断することはない．その場合，裁判所の審査の対象となりうるのは，決議を実施するための国内法令の効力である．その法令が憲法に反して無効と判断されれば，国内法上は資産凍結を免れることになる．

3）A国が安保理決議に国内的効力を認めている場合，理論上は，決議の効

力が裁判所の審査の対象となりうる．その際に問題となるのはその効力順位であるが，特別な手続きがないかぎり，安保理決議に憲法に上位または同位の効力を認める国はないと考えられる．したがって，憲法に反する安保理決議は無効であるとの主張を提起することは可能であろう．ただし，高度の政治性を有する安保理決議に関しては，統治行為論や自由裁量行為論を採用して裁判所が判断を差し控える可能性はある．他方，当該国が締結している条約との関係に関しては，設問2についての4）の通り，安保理決議が優先するため，国際法の強行規範の場合は別として，条約に反して無効という主張はできないことになる．

　4）日本の場合，安保理決議は国際約束として条約と同様に国内的効力を認められるものと考えられている．しかし，安保理決議のどの部分が国内的効力をもつかの判断は難しく，その実施は国内法を通じて行うほかはない．実際には，外務省告示により安保理決議の規制対象を特定し，「外国為替及び貿易管理法」の下で政令に基づく行政措置により実施される．このように安保理決議の直接適用は想定されてはいないものの，法令の根拠となる安保理決議の効力について憲法に基づいてこれを争う余地がないわけではない．

（江藤淳一）

◆ 総合演習 4

　A国の私立大学教授Xは，B国の非政府団体（NGO）のYがB国内で主催する，一般公開の国際シンポジウムにおける講演を依頼された．Xは，A国とC国との領域紛争を主なテーマとする講演を行うこととし，Yもその内容について承諾を与えた．

　シンポジウム開催日の2週間前になって，Yは，駐B国C国大使Zからの書簡を受領した．書簡の内容は，Xの講演は，C国に対して不利益をもたらす，はなはだ一方的なものであり，シンポジウムに参加する一般市民に対して不当な見解を一方的なかたちで提供することになり，ひいては，B国とC国の友好関係にも重大な損害を与えることになるとして，講演の中止を求めるものであった．

　Yは，Xの講演は私立大学教授が行う，あくまでも学術的なものであるとして，この要請を受け入れることはできない旨の書簡をZに対して送付した．

　シンポジウム当日，会場にはC国の外交官数名を含む多数のC国人が参加し，Xの講演中に，司会者の制止を振り切ってXの講演を中断させようとして，不規則発言を繰り返し，一部の者はマイクを奪って返そうとしなかった．もっとも，Xの身体に対する直接的な加害行為はなかった．しかし，主催者のYはXの講演を続行することは不可能であると判断し，講演の中止を決定した．

　Xは，講演の続行は自分の権利であると主張し，警官を導入してでも，妨害する人びとを排除すべきであると主張した．しかしながら，Yはその要請には応じず，Xの講演を含め，シンポジウムは中止となった．

　以上の事実関係を前提に，以下の設問に答えなさい．

◆**設問1**　Xは，Yに対して，人権侵害を理由として損害賠償を請求できるか．

◆**設問2**　YおよびB国は，C国大使Zの書簡が内政干渉に該当するとして，C国の国際法違反行為を主張できるか．

◆**設問3**　講演の妨害を行ったC国の外交官たちは，外交特権に反する行為を行ったとみなされるか．

解　説

本設問は，架空の問題設定である．外国人の人権，外交的保護権，不干渉義務，外交官の特権免除などの問題がかかわってくる．

〈設問1について〉

1）在留外国人にどこまでの権利を認めるべきかについては，基本的には国内法や通商航海条約などの条約の規律に委ねられている．どの程度の権利が認められるかについて，慣習国際法上完全に確定しているわけではない．ただ，日常生活を営むうえで必要な権利能力，行為能力，裁判の当事者能力などは，外国人にも一般に認められるとみなされている．

2）もっとも，政治活動については一定の制約があるとみなされる（マクリーン事件，最高裁大法廷1978（昭和53）年10月4日判決）．ヨーロッパ人権条約でも，外国人の政治活動に対して制限を課すことは禁止されていない（16条）．

3）本件では，Xの講演が政治活動にあたるかどうかがまず問題となる．しかし，学術的なシンポジウムにおける，学術的な内容の講演であるとすれば，政治活動とみなされる可能性ははなはだ低いといえる．そうであるとすれば，Xは，表現の自由を侵害されたとして，B国国内裁判所に対して，Yを訴えることが可能である．国内裁判所で十分な救済が得られない場合には，自国Aに対して，外交的保護権の発動を要請できる．もっとも，Yは，Xを含む，シンポジウム参加者たちの身体上の安全を考えての措置であったとの抗弁を主張するであろう．

〈設問2について〉

1）各国家は，主権をもつ独立国家とみなされる以上，その国内問題について他国や国際組織から干渉を受けずに独自の判断で決定できる．主権概念から当然に導き出される考えである．他国や国際組織の側からみて，不干渉義務と呼ばれるのが一般的である．この義務に反する行為を行うと，内政干渉という，国際法違反行為を行ったことになる．

2）国内問題（あるいは国内管轄事項）とは，各国が単独で自由に決定できる事項である．国際連盟の成立以前においてはその事項の範囲は各国が決定できると解されていた．その後，国際関係の進展もあり，国内問題とは国際法によって規律されていない事項であるとの考えが広まっていった．現在では，国際法の規律によって各国に行動の自由が与えられている事項のことを指すとみなされる．

3）本件の場合，C国大使の書簡は，B国の非政府団体Yに送付されている．また，当該国際シンポジウムは，B国が国家として実施するわけではなく，あくまでも非政府団体による，私的な性格の催し物であると解される．そうであるとすれば，C国大使の書簡そのものが，内政干渉に該当する行為とみなされることはない．

4）また，仮にZの書簡がB国刑法上の犯罪（脅迫罪など）に該当するとしても，大使は外交特権を享有しているので，Zには刑事裁判権からの免除が認められる（後述の〈設問3について〉1）参照）．

5）もっとも，もし本シンポジウムが，B国外務省の後援を得ていた場合，さらには共催であった場合——特に，後者の場合には——，書簡の内容によっては，経済的・政治的干渉に該当するとして，内政干渉とみなされる可能性は残されている．

〈設問3について〉

1）外交官が一定範囲の特権免除を認められることは——その根拠について代表説をとるか，機能説をとるかについては，なお議論があるとしても——，一般国際法上確定している．1961年の外交関係に関するウィーン条約では，従来慣習国際法で認められてきたものよりも，若干広く特権免除を認めている（現在締約国数188ヵ国）．

2）外交官には身体の不可侵が認められており，また裁判権からの免除もある．本件において，Yが警官を呼んだとしても，いかなる方法によっても外交官を抑留したり拘禁したりすることはできない．そのため，外交官であることをその場で証明できた場合には，B国官憲は，当該外交官を逮捕することはできない．また，派遣国Cの放棄がないかぎり，刑事裁判権からも免除されるため，刑事訴追することもできない．

3）B国として取りうるのは，当該外交官たちがペルソナ・ノン・グラータであることを通告することである．その場合，B国はその理由を示す必要はない（この点についての詳細な記述は，第10章「事例演習」第2問を参照）．

4）なお，外交官ではないC国人たちの行為は，B国の国内法規に違反する可能性がある（暴行罪など）．その場合には，B国官憲が逮捕し，刑事訴追することが可能である．

（柳原正治）

◆総合演習 5

　Xは，軍事独裁政権下のA国にあって，長年にわたり同国の民主化運動を指導してきた象徴的な人物である．A国の軍事政権は，Xの反体制的な政治活動が政府の転覆を企図するもので内乱罪に当たるとしてXの下に官憲を派遣した．しかし，それをいち早く察知したXは，A国の官憲の追及を逃れるため，やむなくA国に登録された国内線の民間航空機に乗組み，機長を威嚇して同機を隣国であるB国の空港に強制着陸させた．Xは乗員・乗客には一切危害を加えることなく着陸後ただちに投降して，B国の官憲によって身柄を確保された．

　この事実を知ったA国は，内乱罪と航空機不法奪取の罪で，B国に対してXの身柄の引渡しを求めたが，B国はA国の引渡要求を拒否した．これに対してA国は，日頃から同国の政治体制に批判的なB国に対する敵対心を募らせ，B国がXの身柄の引渡しをあくまで拒否するなら，B国に対する武力行使も辞さないとの脅しを行った．これに対してB国は，A国の行動は国際法に違反するとして，国際司法裁判所（ICJ）への提訴を検討している．

　なお，A，B両国は，いずれも1970年の「航空機不法奪取防止条約」（ハーグ条約）と国連憲章の締約国である．A，B両国はいずれもICJ規程36条2項に基づく強制管轄権受諾宣言を行っているが，A国の宣言には，多数国間条約の解釈・適用をめぐって生ずる紛争を裁判所の強制管轄権から除外する旨の留保が付されている．A国とB国との間には犯罪人引渡条約は締結されていない．

　以上の事実関係を前提に，以下の設問に答えなさい．

◆**設問1**　A国がB国に対してXの身柄の引渡しを要求するためには，どのような法的主張を展開すればよいか．

◆**設問2**　B国がA国によるXの身柄の引渡要求を拒否するためには，どのような法的主張を展開すればよいか．

◆**設問3**　B国がA国をICJに訴えようとする場合，裁判所の管轄権の基礎と請求原因を何に求めればよいか．

解 説

　本設問は，架空の設例である．国際テロ関係条約の構造，政治犯罪人不引渡しの原則，武力不行使原則，ICJ規程36条2項の強制管轄権受諾宣言に付された留保などが論点になる．

〈設問1について〉

　1）ハーグ条約は，一連の国際テロ関係条約と同様，条約で特定の行為を「国際法上の犯罪」と定め，各締約国に特別の措置をとるように義務づけている．A国としては，同条約を根拠にB国に対してXの引渡しを求めることが考えられる．それが可能となるためには，第一に，Xの行為が同条約上の犯罪行為に該当することが必要である．ハーグ条約1条は「飛行中の航空機内における……暴力，暴力による脅迫，その他の威嚇手段を用いて当該航空機を不法に奪取しまたは管理する行為」を同条約上の「犯罪行為」としている．設例にあるXの行為は，当該航空機の乗員・乗客には危害を加えなかったとしても，機長を威嚇して当該航空機をその指定した空港に強制着陸させた点で，同条約上の犯罪行為を構成する．

　2）第二に，Xのハイジャックした航空機がA国の国内線の民間航空機であった点がハーグ条約の適用可能性という点で問題となる．同条約3条3項は，犯罪行為が行われた航空機の離陸地または実際の着陸地が当該航空機の登録国の領域外にあれば，国際便であるか国内便であるかを問わず適用されると規定している．設例では，ハイジャックされた航空機はA国に登録され実際にはB国に着陸しているため，ハーグ条約は適用可能である．

　3）第三に，引渡しを求めるA国が，Xの行為に対して当該行為を処罰できる刑事裁判管轄権を有していることが必要になる．ハーグ条約4条1項(a)は，締約国に犯罪行為が締約国内に登録された航空機内で行われた場合につき，自国の裁判権を設定するために必要な措置をとるように義務づけている．設例でA国はハーグ条約の締約国であるため，自国に登録された航空機内で行われた条約犯罪に対して刑事裁判管轄権を設定するための国内法を有していると考えられる．

　4）第四に，A国はB国との間で犯罪人引渡条約を締結していない．しかし，ハーグ条約8条2項は，「条約の存在を犯罪人引渡しの条件とする締約国は，自国との間に犯罪人引渡条約を締結していない他の締約国から犯罪人引渡しの請求を受けた場合には，随意にこの条約を犯罪行為に関する犯罪人引渡しのた

めの法的根拠とみなすことができる」と規定している．そのことから，B国の国内法が，仮に犯罪人引渡条約の存在を引渡しの条件としているとしても，A国はB国に対して，当該条約を根拠にXの引渡しを求めることができる．

5) 第五に，ハーグ条約は，犯罪行為の容疑者の所在国（設例ではB国）にも刑事裁判管轄権の行使を認めている（同条約4条2項）．しかし設例では，B国は日頃からA国の政治体制に批判的であり，XはA国の民主化運動の象徴的な人物であることから，B国には，Xを自国で訴追し処罰することを事実上期待できない．したがって，同条約7条の定める「引渡しか訴追か」の義務に従い，A国は，B国の引渡義務の存在を根拠に，Xの引渡しを求めうる，との主張を展開できる．

〈設問2について〉

1) 設例でA国は，航空機不法奪取罪のみならず内乱罪でもXの引渡しを求めている．B国としては，政治犯罪人不引渡しの原則を根拠に，XのA国への引渡しを拒否することが考えられる．政治犯罪とは，一国の政治体制の変革を目的とする行為であって，その国の刑罰法規に触れるものをいい，通常「純粋政治犯罪」と「相対的政治犯罪」とに分けられる．Xの行為のうち，国内での反体制的な政治活動は，もっぱら同国の政治的秩序を侵害する行為で，「純粋政治犯罪」に該当する．かかる犯罪については，引き渡してはならない義務があるかについては争いがあるものの，少なくとも引き渡さなくてもよいことについては，国際法上一致がある．

2) 他方で，内乱罪による逮捕・処罰を免れるために，民間航空機をハイジャックしたXの行為は，政治的秩序の侵害に関連して，道義的または社会的に非難されるべき普通犯罪が行われる「相対的政治犯罪」に該当する．かかる犯罪については，政治犯罪人不引渡しの原則が適用されるかについて必ずしも一致がなく，事案ごとに個別の事情を多角的に検討して判断するしかない．設例では，機長を威嚇して航空機を強制着陸させたXの行為は，それ自体をとれば重大な犯罪行為にあたることは事実である．しかし他方で，A国の民主化運動を成功させ同国の軍事独裁体制を打倒するという政治目的を実現する上で，象徴的な指導者であるXの存在は不可欠である．そうだとすると，逮捕・処罰を免れて政治目的を実現するためにやむなく行われ，乗員・乗客にも一切危害を加えなかったXのハイジャック行為は，その内容，性質，結果の重大性という点で，意図された目的と対比して均衡を失っているとまではいえず，犯罪が行

われたにもかかわらず，なお全体として見れば保護に値するものと主張しうる．

3）また，A国のB国に対するXの引渡要求の法的根拠が，もっぱらハーグ条約にあるとすると，仮に引渡しを求めうるとしても，それは同条約の対象犯罪である航空機不法奪取罪についてのみである．それにもかかわらず，A国は内乱罪についても引渡しを求めてきている．そのため，仮にB国が条約上の義務の履行としてA国にXを引き渡したとしても，Xが航空機不法奪取罪のみならず内乱罪でも訴追され重罰を科される恐れがある．したがって，引渡しの理由となった犯罪以外の犯罪であって，引渡しの前に行われたものについては訴追・処罰できないという「特定性の原則」という観点からも，それが確保される保証がない以上，B国はA国へのXの引渡しを拒否できる，との主張を展開できる．

〈設問3について〉

1）国連憲章2条4項に規定されているように，今日，国際関係における武力の行使や武力による威嚇は，個別的・集団的自衛権の行使（同51条）や国連による集団的措置の発動（同7章）の場合を除いて，原則として禁止されている．A国がXの引渡しを強制するため，武力の行使も辞さないとの脅しを行ったことは，自衛権の要件を満たさず，また国連による集団的措置でもないことから，憲章2条4項に違反する「武力による威嚇」に該当する．

2）B国としては，かかる違法行為を理由として，A国をICJに訴える際に，裁判管轄権の基礎として，両国がともに行っているICJ規程36条2項に基づく強制管轄権受諾宣言に依拠することが考えられる．もっとも，A国の受諾宣言には多数国間条約の解釈・適用をめぐって生ずる紛争を裁判所の強制管轄権から除外する旨の留保が付されている．そのため，B国としては，多数国間条約である国連憲章の違反の確認を請求原因として，A国をICJに提訴したとしても，裁判管轄権が認められない可能性がある．

3）しかし，国連憲章2条4項に盛り込まれた「武力不行使原則」は，今日，国連憲章上の制度である「集団安全保障」から独立した慣習国際法上の原則とみなされている．したがって，B国としては，ICJ規程36条2項に基づくA，B両国の強制管轄権受諾宣言を裁判管轄権の基礎とし，A国の行為が慣習国際法上の武力不行使原則に違反する違法な武力による威嚇であることの確認を求めて，ICJに提訴することが可能である．

(森川幸一)

── 〈執筆者紹介〉──
(＊は編者)

＊柳原　正治（やなぎはら・まさはる）　放送大学教養学部教授
　　　　　　　………………… 第 1 章, 第 5 章, 第 6 章, 第 16 章,〔総合演習〕4

＊森川　幸一（もりかわ・こういち）　専修大学法学部教授
　　　　　　　………………… 第 22 章, 第 23 章, 第 24 章,〔総合演習〕5

＊兼原　敦子（かねはら・あつこ）　上智大学法学部教授
　　　　　　　………………… 第 8 章, 第 9 章, 第 11 章, 第 13 章, 第 14 章

　江藤　淳一（えとう・じゅんいち）　上智大学法学部教授
　　　　　　　………………… 第 2 章, 第 3 章, 第 7 章,〔総合演習〕3

　児矢野マリ（こやの・まり）　北海道大学大学院法学研究科教授
　　　　　　　………………… 第 10 章, 第 20 章,〔総合演習〕2

　申　　恵丰（しん・へぼん）　青山学院大学法学部教授
　　　　　　　………………………………………… 第 17 章, 第 18 章

　高田　　映（たかだ・あきら）　東海大学法学部教授
　　　　　　　………………………………………………………… 第 4 章

　深町　朋子（ふかまち・ともこ）　福岡女子大学国際文理学部准教授
　　　　　　　………………… 第 12 章, 第 15 章,〔総合演習〕1

　間宮　　勇（まみや・いさむ）　元明治大学法学部教授
　　　　　　　……………………………………………………… 第 19 章

　宮野　洋一（みやの・ひろかず）　中央大学法学部教授
　　　　　　　……………………………………………………… 第 21 章

〈編 者〉

柳原正治（やなぎはら・まさはる）
　　放送大学教養学部教授

森川幸一（もりかわ・こういち）
　　専修大学法学部教授

兼原敦子（かねはら・あつこ）
　　上智大学法学部教授

演習プラクティス国際法

2013（平成25）年 4 月15日	第1版第1刷発行
2014（平成26）年 3 月 1 日	第1版第2刷発行
2017（平成29）年10月30日	第1版第3刷発行
2022（令和 4）年 2 月 1 日	第1版第4刷発行

編　者　柳　原　正　治
　　　　森　川　幸　一
　　　　兼　原　敦　子

発行者　今　井　　　貴
　　　　渡　辺　左　近

発行所　信山社出版株式会社
　　　　〒113-0033　東京都文京区本郷 6-2-9-102
　　　　電　話 03(3818)1019　ＦＡＸ 03(3818)0344

Printed in Japan.　　印刷・製本／亜細亜印刷・渋谷文泉閣

Ⓒ編著者，2013　ISBN978-4-7972-2640-9
P.200/329.402-c004　国際法/0104-040-040

JCOPY 〈(社)出版者著作権管理機構委託出版物〉

本書の無断複写は著作権法上での例外を除き禁じられています。複写する場合は、そのつど事前に、(社)出版者著作権管理機構（電話03-5244-5088, FAX 03-5244-5089, e-mail:info@jcopy.or.jp）の許諾を得て下さい。また、本書を代行業者等の第三者に依頼してスキャニング等の行為によりデジタル化することは、個人の家庭内利用であっても、一切認められておりません。

日本立法資料全集　柳原正治 編著

不戦条約（上）・（下）
◆国際法先例資料◆

小松一郎 著

実践国際法【第2版】

大村敦志 解題

穂積重遠
法教育著作集
われらの法

―― 信山社 ――

● 判例プラクティスシリーズ ●

判例プラクティス憲法【増補版】
憲法判例研究会 編
淺野博宣・尾形健・小島慎司・宍戸常寿・曽我部真裕・中林暁生・山本龍彦

判例プラクティス民法Ⅰ〔総則・物権〕
松本恒雄・潮見佳男 編

判例プラクティス民法Ⅱ〔債権〕
松本恒雄・潮見佳男 編

判例プラクティス民法Ⅲ〔親族・相続〕
松本恒雄・潮見佳男 編

判例プラクティス刑法Ⅰ〔総論〕
成瀬幸典・安田拓人 編

判例プラクティス刑法Ⅱ〔各論〕
成瀬幸典・安田拓人・島田聡一郎 編

―― 信山社 ――

〈2017年最新刊〉
プラクティスシリーズ
　好評書、待望の最新版　　本書と同一の章構成、同一の編・著者による好評テキスト。

◆ プラクティス国際法講義【第3版】
柳原正治・森川幸一・兼原敦子 編
執筆：柳原正治・森川幸一・兼原敦子・江藤淳一・児矢野マリ・
申惠丰・髙田映・深町朋子・間宮勇・宮野洋一

本書と『講義』をセットで、学部授業から各種試験まで、効率的な学習をサポート

◆ コンパクト学習条約集【第2版】
芹田健太郎 編集代表
森川俊孝・黒神直純・林美香・李禎之・新井京・小林友彦 編集委員

◆ ブリッジブック国際法【第3版】
植木俊哉 編／執筆：植木俊哉・尾﨑久仁子・河野真理子・坂本一也・山本良

◆ ブリッジブック国際人権法【第2版】
芹田健太郎・薬師寺公夫・坂元茂樹 著

信山社